Peter Schoor

Im Auge des Terrors

Wie viel Islam verträgt Europa?

UEBERREUTER

Das säurefreie und alterungsbeständige Papier EOS liefert Salzer, St. Pölten (hergestellt aus chlorfrei gebleichtem Zellstoff aus nachhaltiger Forstwirtschaft).

ISBN 978-3-8000-7490-7

Covergestaltung: Mag. Miriam Höhne, Mag. Ralf Strobl
Coverfoto: Melchior Müller
Foto des Autors am Umschlag: Fotolia, Diego Cervo

Gedruckt in Österreich
7 6 5 4 3 2 1

Ueberreuter im Internet: www.ueberreuter.at

Danken möchte ich den Menschen, die mir für die Umsetzung meiner Ideen für dieses Buch während vieler Monate zur Seite standen, mit viel Geduld meinen hartnäckigen Fragen standhielten, mir Einblick gewährten in Informationen, Unterlagen, hier und da auch in etwas sensiblere. Ich habe versprochen, ein paar Kontakte nicht zu nennen, daran werde ich mich auch halten. Allen gemeinsam war und ist der Wunsch, etwas zu verändern und – jeder im Rahmen seiner Möglichkeiten – etwas zu schaffen für die Menschen, die jeden Tag in Europa einer möglichen Bedrohung durch terroristische Aktivitäten ausgesetzt sind. Ein erfahrener Ermittler einer Sondereinheit hat mir in nur drei Sätzen die ganze Problematik seiner Arbeit verdeutlicht:

»Ich kann nur etwas bekämpfen, was ich verstehe und kenne. Terrorismus ist wie ein Gespenst, ich weiß, es ist irgendwo da draußen, aber ich kann es nicht sehen. Ich wünschte, ich hätte mehr Informationen in einer Sprache, die auch bei mir ankommt.«

Das war der Auslöser, dieses Buch so zu schreiben, wie es vorliegt.

INHALT

EINFÜHRUNG

Die Europäische Union besteht derzeit aus 27 Staaten (Stand Februar 2010). Drei weitere Länder haben sich um eine EU-Mitgliedschaft beworben: Kroatien, die Türkei und die ehemalige jugoslawische Republik Mazedonien. Die Liste der weiteren Interessenten ist lang: Serbien, Montenegro, Bosnien, Kosovo, Albanien, aber auch die Ukraine oder Georgien und auch Island – im Jahr 2020 könnte die Europäische Union aus fast 40 Staaten bestehen.

Schon heute erwirtschaften die fast 500 Millionen Bürger in der EU fast 23% des weltweiten Bruttosozialproduktes, der Anteil am Welthandel liegt bei etwa 21%. Somit könnte die Europäische Union über eine entsprechend relevante Gewichtung in der Weltpolitik verfügen, wenn und insofern sie in der Lage wäre, gemeinsame Positionen einzunehmen.

Selbst die großen Länder unter den europäischen Staaten wie Frankreich oder Deutschland haben für sich allein heute nicht mehr genügend Macht, um auf internationaler Ebene die Interessen ihrer Bürger wirksam zu vertreten. Das zeigt sich besonders in den unterschiedlichen Diskussionen über die innere Sicherheit vor dem Hintergrund neuer terroristischer Bedrohungen.

Es betrifft heute nicht mehr nur staatliche Ordnungen und Bürger in den einzelnen Mitgliedsländern, sondern auch Firmen, Behörden und Organisationen, die Menschen in Krisengebiete entsenden und dort wirtschaftlich oder humanitär engagiert sind. Seit dem 11. September 2001 ist jede Art von Anschlag vorstellbar geworden, und es muss klar und deutlich gesagt werden, dass es heute grundsätzlich jede Person an jedem Ort zu jeder Zeit treffen kann.

SIND WIR WIRKLICH SICHER?

Sicherheit ist ein Grundbedürfnis des Menschen und ein klassisches Kollektivgut. In erster Linie ist es die Pflicht des Staates, für unsere Sicherheit zu sorgen. Hingewiesen sei an dieser Stelle darauf, dass diese Verantwortung für die Sicherung des inneren und äußeren Friedens nicht erst seit dem 11. September 2001 besteht. Beschränken wir uns auf diese Erkenntnis, wäre eine weitere Betrachtung des Themas eigentlich hinfällig.

Allerdings gibt es eine Erkenntnis, die vielen Menschen in letzter Zeit immer bewusster geworden ist – die Sicherheit garantierende Funktion eines Staates bedeutet auch Angst vor dessen Macht. Unser Bedürfnis nach Sicherheit und Freiheit befindet sich somit in einem ständigen Spannungsverhältnis – auch in demokratischen Strukturen.

Wir alle geben ein erhebliches Maß an individueller Freiheit auf und unterwerfen uns – mehr oder weniger freiwillig – allen möglichen Regeln, Vorschriften und Einschränkungen in der Hoffnung, dafür Sicherheit zu gewinnen. Allerdings führt nur schon die simple Frage nach der Definition von Innerer Sicherheit und dem Schutz gegen wen und wovor schnell in ein psychologisches Minenfeld.

Die aktuelle Gefährdungslage durch organisierte Kriminalität und Terrorismus zwingt heute unsere rechtsstaatliche Ordnung, angemessen auf diese Bedrohungen zu reagieren. Eine gute und erfolgreiche Sicherheitspolitik kann aber nicht mehr nur daran gemessen werden, wie und wann sie Gewalttaten bestraft, nachdem diese passiert sind. Heute und in Zukunft geht es auch darum, was bereits vorab unternommen wurde, um Gewalttaten überhaupt zu verhindern.

Dass der geführte internationale »Global War on Terror« sehr schnell in weitere, noch furchterregendere Szenarien führen kann, ist im Kapitel »Iran: zwischen Weltmacht und Weltkrieg« beschrieben.

Eine Vorbereitung auf sämtliche Szenarien wird auch in Zukunft weiter unmöglich bleiben. Übrig bleibt die Frage, wie wir diesem Gefährdungspotenzial noch besser begegnen können.

BRENNPUNKT ÖSTERREICH

Islamisierung

Auch wenn Österreich im Vergleich zu anderen Staaten der EU vor dem Hintergrund seiner Bevölkerungsstruktur eher zu den kleineren Ländern gehört, muss die besondere Situation im Land unter der Problematik der Inneren Sicherheit genauer betrachtet werden.

In Österreich ist der Islam seit dem Jahr 1912 (Islamgesetz v. 10. 8. 1912 RGBl. Nr. 159/1912) eine gesetzlich anerkannte Religionsgemeinschaft. Muslime haben gleiche Rechte wie die Angehörigen der römisch-katholischen Kirche und anderer gesetzlich anerkannter Religionsgemeinschaften unter Einbezug von konfessionellen Einrichtungen wie: fromme Stiftungen, eigene Krankenhäuser, öffentliche Religionsausübung, Militärseelsorge und schulischer Religionsunterricht. Ebenso sind Angehörige muslimischen Glaubens in Österreich berechtigt, ihre internen Angelegenheiten selbst zu regeln.

In den letzten 40 Jahren verzeichnete die Islamische Glaubensgemeinschaft den stärksten Zuwachs aller Religionsgemeinschaften im Land und ist heute unter den in Österreich lebenden Ausländern/-Innen das am meisten verbreitete Glaubensbekenntnis.

Im Jahr 2009 lebten in Österreich insgesamt etwas über eine halbe Million Menschen islamischen Glaubens, was einem Anteil von rund 6% der Bevölkerung entsprach. Gegenüber den rund 350.000 Personen, welche bei der Volkszählung 2001 den Islam als Religionsbekenntnis angegeben hatten, bedeutet dies eine Zunahme um fast die Hälfte (49% bzw. 170.000 Personen).

Ebenfalls stark verändert hat sich die Staatsangehörigkeit der muslimischen Bevölkerung. Waren 2001 nur rund 98.000 Österreicherinnen und Österreicher islamischen Glaubens (1,3%), stieg ihre Zahl 2009 vor allem durch Einbürgerungen und Geburten auf eine Viertelmillion an. 49% der in Österreich lebenden Bevölkerung islamischen Glaubens hatte 2009 bereits die österreichische Staatsangehörigkeit, wohingegen dies am Stichtag der Volkszählung 2001 (15.

Mai 2001) nur auf 28% zugetroffen hatte. Im Gegensatz zur Bevölkerungsentwicklung insgesamt, die weitgehend durch Zuwanderung gesteuert wurde, war die Zunahme der muslimischen Bevölkerung im Zeitraum 2001–2009 in wesentlich stärkerem Ausmaß auf Geburten zurückzuführen. Der Zuwachs der muslimischen Bevölkerung machte rund 53% des gesamten Bevölkerungswachstums Österreichs in dieser Periode aus.

Bei der muslimischen Bevölkerung Österreichs handelt es sich um eine sehr junge Bevölkerung mit entsprechend mehr Geburten als Sterbefällen. Zudem war im Durchschnitt der Jahre 2001 bis 2008 bei rund 14% der Neugeborenen mindestens ein Elternteil Angehöriger der islamischen Religion.

In den kommenden Jahren ist mit einer weiteren Zunahme zu rechnen, insbesondere durch die Möglichkeit des Familiennachzugs für seit längerer Zeit in Österreich lebende ausländische Staatsangehörige bzw. Eingebürgerte. Auch der Anteil der Neugeborenen mit zumindest einem Elternteil islamischen Glaubens wird weiterhin zunehmen.

Setzt sich diese Entwicklung entsprechend den demografischen Multiplikatoren aus der Vergangenheit in der Zukunft fort (Geburtenrate in österreichischen Familien 1,6%, Geburtenrate bei den im Land lebenden muslimischen Familien 2,7%), wird sich der Anteil der muslimischen Bevölkerung in Österreich in den kommenden 15 Jahren verdreifachen und auf bis zu zwei Millionen ansteigen. Statistisch betrachtet wäre dann jeder fünfte Österreicher Angehöriger muslimischen Glaubens.

Basierend auf europäischen Erfahrungswerten beträgt der Anteil derjenigen strenggläubigen Muslime, die sich für die Einführung einer islamischen europäischen Gesellschaftsform nach den Regeln der Scharia einsetzen, etwa 15%. In Österreich wären das somit etwa 70.000 Muslime. Aufgrund dessen, dass sich diese Religionsgemeinschaft sehr stark nach außen abgrenzt, ist eine tatsächliche Schätzung des möglichen gewaltbereiten Anteils nach Vorbild al-Qaidas realistisch schwierig. Da grundsätzlich die rechtliche Vorgabe der Unschuldsvermutung anzuwenden ist, sind Vorfeldabklärungen durch Sicherheitsbehörden nur unter sehr erschwerten Bedingungen durchführbar.

Seit einigen Jahren beschäftigt die Entwicklung des Islam die österreichische Öffentlichkeit und Medien sehr kontrovers und führt immer stärker zu emotionalen Auseinandersetzungen. Eine APA/IMAS-Umfrage aus dem Jahr 2009 in der österreichischen Bevölkerung (1.088 Befragte ab 16 Jahren) ergab, dass 54% den Islam als eine Bedrohung für den Westen empfanden, 71% den Islam für nicht vereinbar mit westlichen Werten hielten und 72% aller Befragten davon ausgingen, dass Muslime nicht bereit seien, sich den Befindlichkeiten im Land anzupassen.

Sicherheitslage 2010

Die radikal-islamisch motivierte Gewaltbereitschaft muss als akutes Gefährdungspotenzial für Österreich eingestuft werden. Auch wenn im europäischen Vergleich bisher keine nennenswerten Anschläge auf österreichischen Boden stattgefunden haben, bedeutet das nicht, dass von einer Beruhigung oder Entwarnung auszugehen ist. Besonders Insider und Staatsschützer warnen immer intensiver vor einem immer wahrscheinlicher werdenden Anschlagsrisiko.

Auffällig sind Tendenzen einer Verschärfung der Radikalisierungs- und Rekrutierungsaktivitäten im gesamten österreichischen Bundesgebiet. Besonders unter den muslimischen Jugendlichen der zweiten und dritten Generation gibt es eine stärkere Zuwanderung in Richtung radikale islamische Strömungen. Neben den gebürtigen Moslems wird auch die Zahl von Männern und Frauen größer, die zum Islam konvertieren. In dieser Gruppe ist der Einfluss durch extremistische Ansichten besonders hoch, der Wunsch nach Anerkennung innerhalb der muslimischen Gemeinde ist sehr stark ausgeprägt, häufig wollen sie sich durch besonderen Fanatismus der neuen Religion als würdig erweisen. Es ist davon auszugehen, dass hier eine potenzielle Bereitschaft zur Mitwirkung bei terroristischen Anschlägen vorhanden ist.

Bestätigt wird diese brisante Tendenz durch die stetig ansteigende Zahl von österreichischen Muslimen und Konvertiten im Alter zwischen 19 und 25 Jahren, die an Ausbildungseinheiten in Trainingslagern entweder in Afghanistan oder Pakistan oder auch immer häufiger in Somalia oder im Jemen teilnehmen. Besonders die Gruppierungen im Jemen und in Somalia stehen der salafistisch-dschihadistischen Ideologie der al-Qaida sehr nahe und müssen als extrem gefährlich eingestuft werden. Die Ausbildung von »Kämpfern« in dieser Region wird zwangsläufig erhebliche sicherheitsrelevante Risiken und Auswirkungen für Österreich zur Folge haben.

Reise in den Dschihad und die Rückkehrer

Bereits das Vorhaben, ein Trainingscamp im Ausland zu besuchen und sich im Gebrauch von Waffen und Sprengstoff ausbilden zu lassen, erfüllt heute in vielen Ländern einen Straftatbestand. In Österreich wurden im Jahr 2009 etwa 20 Personen identifiziert, die aus diesem Grund das Land verlassen haben. Die Dunkelziffer dürfte jedoch um ein Vielfaches darüber liegen, da immer öfter der Terminus »Sprach- und/oder Bildungsreise« verwendet wird und so eine Straftat im Vorfeld nur schwer nachgewiesen werden kann.

Vorbereitet werden die Besuche entweder über das Internet oder durch persönliche Kontakte zu al-Qaida nahestehenden Personen im Land. Hier erfahren die zukünftigen »Kämpfer« ihre Reiseziele und erhalten Instruktionen darüber, wie sie dorthin gelangen. Die Anreise dauert oft Monate, mit intensiven, ideologischen Vorbereitungen in Koranschulen, vereinzelt auch schon in Österreich oder einigen Balkanländern, am häufigsten jedoch in Ägypten oder Saudi-Arabien. Am Ende erreichen sie dann die Ausbildungslager im Jemen, in Somalia, Pakistan oder Afghanistan. Die Mehrzahl bleibt nach der Ausbildung zunächst im Ausland und folgt Gruppen wie Taliban oder al-Qaida im Maghreb.

Der andere Teil kehrt – häufig unerkannt – zurück, um die Lehren des radikalen Islam weiterzuverbreiten, neue »Kämpfer« anzuwerben und sich vor allem für mögliche Anschläge bereitzuhalten. In ihrem Mittelpunkt stehen nun der Respekt, die Ehre und der hohe Stellenwert in der eigenen Glaubensgemeinschaft. Ihr Wunsch, gegen die Feinde des Islam in Österreich etwas tun zu wollen, ist sehr stark. Sie sind nun fähig, bei der Auswahl ihrer Opfer keine Unterschiede mehr zu machen – egal, ob Zivilisten, Polizisten oder Militärs, Christen oder

Muslime. Sie sind jetzt Teil eines weltweit organisierten Terrornetzwerkes, wollen eine maximale Anzahl von Menschen töten und fühlen sich als die neuen »Global Player«.

Gefährdungspotenzial – Beispiel Wien

Überblick

Die Stadt Wien erstreckt sich über 414 Quadratkilometer, zählt derzeit etwa 1,7 Millionen Einwohner/-innen, ist eines von neun Bundesländern und zugleich Bundeshauptstadt der Republik Österreich. Wien ist Sitz von etwa zwei Dutzend internationaler Organisationen, die meisten davon gehören zur UNO. Die Stadt ist neben New York und Genf dritter Sitz der UNO, beherbergt auch Teilorganisationen wie die UNIDO oder die IAEO. Die Zentrale der OPEC befindet sich ebenfalls hier. Pro Jahr finden etwa 3.000 internationale Kongresse und Fachtagungen statt, die Wiener Hotelwirtschaft meldete für das Jahr 2009 knapp zehn Millionen Übernachtungen.

Etwa ein Drittel aller Menschen, die heute in Wien leben, sind Migranten/-innen aus Osteuropa. Mehr als 200.000 Menschen pendeln täglich aus dem Umland zur Arbeit nach Wien, teils auch aus den neuen EU-Nachbarstaaten wie Tschechien, Slowakei oder Ungarn. Mehr als 100.000 Wiener/-innen pendeln zu Arbeitsplätzen außerhalb der Bundeshauptstadt. Der öffentliche Nahverkehr wird geführt durch die Wiener Linien (U-Bahn, S-Bahn, Bus), das Fahrgastaufkommen beträgt mehr als 800 Millionen Menschen pro Jahr, das entspricht einem Tagesvolumen von über zwei Millionen Fahrgästen.

Aktuelles Bedrohungspotenzial

Dass in den Großstädten Europas besonders diplomatische Vertretungen einem hohen Anschlagsrisiko unterliegen, ist nichts Neues. Auch eine weltoffene Stadt wie Wien macht hier keine Ausnahme. Die zum Teil massiven Schutzvorkehrungen wie zum Beispiel für die US-Botschaft und die Vertretung Israels oder auch für die UNO oder die OPEC sind bekannt.

Vielen ist der versuchte Sprengstoffanschlag vom Oktober 2007 auf die US-Vertretung noch in unangenehmer Erinnerung. Seit dem

Jahr 2001 und 9/11 ist dieser Gebäudekomplex in der Wiener Boltzmanngasse wohl der am strengsten bewachte Ort in ganz Österreich und bindet einen überproportional hohen Personalaufwand der österreichischen Sicherheitskräfte. Zusätzlich geschützt wird das Anwesen durch die USA unter Berufung auf den exterritorialen Gebietsanspruch seit einigen Jahren rundherum durch einen mehrere Meter hohen Stahlzaun, innerhalb des Geländes wird eine bewaffnete US-Sicherheits- und Militärfirma beschäftigt. Anwohner können das Anwesen nur noch entweder zu Fuß oder als Radfahrer passieren.

Dass inzwischen in diversen Internetforen heimlich fotografierte Aufnahmen fast aller diplomatischen Einrichtungen in Wien frei abrufbar sind, ist eine Einladung an jeden, der ein potenzielles Ziel ohne viel Mühe ausforschen möchte. Entsprechende Links auf Routenplaner oder Umgebungskarten sind auch für weniger versierte Internetuser heute kein Problem mehr. Letztendlich trägt auch diese freie Verfügbarkeit von Daten und Informationen dazu bei, dass zu dem inzwischen praktizierten totalen Abschottungs- und Bewachungsprinzip wenige bis keine Alternativen gesehen werden.

Akute Risiken

Durch die oft bereits weit im Vorfeld durch Straßensperren und Personenkontrollen platzierten Sicherungen haben es potenzielle Attentäter heute sehr viel schwerer, zu ihren ursprünglichen Zielen mit entsprechend hohem Symbolgehalt vorzudringen. Daher haben sich terroristische Taktiken und Strategien in den letzten Jahren angepasst und sich zu einem noch immer unterschätzten Bedrohungspotenzial entwickelt.

Besonders in Westeuropa ist in den vergangenen Jahren der sogenannte »Dschihad ohne Führung« entstanden – dieser ist längst auch in Österreich angekommen. Lokale, gewaltbereite Gruppen planen und organisieren heute sehr viel eigenständiger als noch vor wenigen Jahren, ihre Bindungen an arabische Organisationen sind weniger ausgeprägt als früher. Auch finden sich neben den ursprünglich dominierenden arabischen Nationalitäten unter anderem immer mehr tschetschenisch-, türkisch- oder kurdischstämmige Jugendliche, die sich terroristischen Gruppen anschließen. Wer heute hinter der Sache al-Qaidas steht, der schlägt in Zukunft selber zu, wenn er es kann und glaubt, dass es in die übergeordnete Strategie der islamischen Weltreligion passt. Daher ist der islamistische Terrorismus auch in Österreich immer unberechenbarer geworden.

Aufgrund der nur noch sehr schwer erreichbaren klassischen Angriffspunkte stehen nun die sogenannten weichen Ziele wie öffentliche Verkehrsmittel, U-Bahn-Stationen, Restaurants, Cafés, Diskotheken oder touristische Zentren im Fokus. Die neue Gewaltstrategie setzt im Wesentlichen auf psychische Effekte. Ziel ist das Töten von möglichst vielen Menschen und die Einschüchterung der gesamten Bevölkerung. Es soll damit verdeutlicht werden, dass es grundsätzlich jede Person an jedem beliebigen Ort zu jeder Zeit treffen kann.

Strategie

Die vor allem von den USA geprägte Strategie des »Globalen Krieges gegen den Terror« basiert im Wesentlichen auf der operationellen Terrorabwehr mit militärischem Ansatz, also: Fangen, Töten, Vereiteln von Anschlägen. Dass diese Taktik selbst in Ländern mit zum Teil kriegsähnlichen Zuständen wie im Irak oder Afghanistan nur bedingt funktioniert, ist hinreichend dokumentiert. In den großen europäischen Zentren wie zum Beispiel im Ballungsraum Wien ist sie so gut wie nicht anwendbar. Allein die Vision von schwerstbewaffneten, motorisierten Kampfeinheiten des österreichischen Bundesheers in der Wiener Innenstadt oder im 10. Bezirk nach Vorbild von Bagdad oder Kabul oder von Hunderten mit Maschinenpistolen und Handgranaten ausgerüsteten Zivilstreifen wie in Tel Aviv, Haifa oder Jerusalem inmitten der täglich durch die Stadt ziehenden Zehntausenden von Touristen oder in den beliebten Kaffeehäusern wäre desaströs.

Prävention

Die Entwicklung der meisten islamistisch motivierten terroristischen Gruppen in neuester Zeit zeigt, dass heute bereits eine Reihe von kriminellen Aktivitäten stattfindet, die keine primär politischen Ziele haben, sondern der Beschaffung von Finanzen dienen. Dazu gehören

Banküberfälle, Geiselnahmen, Einbrüche, Entführungen und Erpressungen, aber auch verstärkt die Beteiligung am Waffen-, Menschen- und Drogenhandel. Die rechtzeitige Erkennbarkeit einer möglichen Vermischung von »klassischen« Straftaten mit einem terroristischen Bezug stellt Ermittler oft vor gänzlich neue Herausforderungen.

Das größte Hindernis bei der Terrorismusbekämpfung besteht darin, dass sich niemand auf sämtliche Szenarien vorbereiten kann. Eine absolute Sicherheitsgarantie gibt es nicht. Übrig bleibt die Frage, wie in Zukunft diesem Gefährdungspotenzial begegnet werden kann.

Wie soll das strategische Denken in Zukunft ausgerichtet werden? Wie muss das Ausbildungsprofil angesichts dieser völlig neuen Bedrohungsform gestaltet werden, welche Kompetenzen müssen vorhanden sein? Wie groß ist die Differenz zwischen Theorie und Praxis in der täglichen Arbeit? Kann allein ein »Dialog unter Kulturen« die Anforderungen an Themen wie physische und psychische Sicherheit, Integration oder Religionsvielfalt erfüllen?

Diesen Fragen wird sich ebenso wie viele europäische Länder auch Österreich umgehend und präzise stellen müssen.

ISLAMISIERUNG EUROPAS

In Europa leben heute etwa 50 Millionen Muslime (Stand 2009), den höchsten Anteil stellt Russland mit 23 Millionen, gefolgt von Frankreich mit 6,1 Millionen, Deutschland mit 3,5 Millionen, Großbritannien mit 2,5 Millionen und die Niederlande mit rund einer Million. In kleineren Ländern wie Österreich und Belgien liegt der muslimische Bevölkerungsanteil zwischen 500.000 und 600.000 Einwohnern.

Demografische Entwicklung im Überblick

In Großbritannien ist die muslimische Bevölkerung seit 1985 von 80.000 auf 2,5 Millionen gewachsen.

Jeder fünfte russische Bürger ist heute ein Moslem. Im Jahr 2020 wird die Mannschaftsstärke der russischen Armee zu 40% aus Muslimen bestehen.

In Belgien waren 2009 25% der Bevölkerung und 48% aller Neugeborenen Angehörige des muslimischen Glaubens. Eine Studie der belgischen Regierung aus dem Jahr 2008 geht sogar davon aus, dass im Jahr 2025 ein Drittel aller europäischen Kinder in muslimischen Familien geboren wird.

In Österreich lebten im Jahr 1971 etwa 22.000 Muslime, 2001 bereits 346.000, eine Zählung im Jahr 2009 ergab einen Bevölkerungsanteil von 586.000.

In Südfrankreich waren 2009 30% aller Kinder muslimisch, in großen Städten wie Marseille, Nizza oder Paris betrug 2009 der Anteil bis zu 45%. Hält diese demografische Entwicklung an, ist 2030 jeder fünfte Franzose ein Muslim.

Entwickelt sich die Population gemäß den Multiplikatoren aus der Vergangenheit, wird sich der Anteil der muslimischen Bevölkerung in Europa in den kommenden 25 Jahren verdoppeln und auf über 100 Millionen ansteigen.

Der Anteil der strenggläubigen Muslime, die sich massiv für die Einführung einer islamischen europäischen Gesellschaftsform nach den Regeln der Scharia einsetzen, liegt im Vergleich bei etwa 15%.

Zitat von Muammar al-Gaddafi, Staatspräsident Libyens, 2008

»Es gibt Anzeichen, dass Allah dem Islam den Sieg in Europa gewährt, ohne Schwerter, ohne Eroberung, ohne Gewehre. Wir brauchen keine Terroristen und keine Selbstmörder. Die mehr als 50 Millionen Moslems werden Europa in nur wenigen Jahrzehnten zu einem muslimischen Kontinent machen.«

RADIKAL-ISLAMISTISCHE BEWEGUNGEN

Islam und Terrorismus sind zu einem Phänomen unseres Lebens geworden – in den Medien, in parlamentarischen Debatten, in Gesprächen am Stammtisch. Das Thema ist emotionell aufgeladen, ein Selbstmordattentäter oder ein islamistischer Dschihad-Kämpfer kann ein Held sein oder ein Terrorist, als ein Märtyrer oder Mörder gelten. Wo liegen die Ursachen, was sind die Gegenstrategien?

Früher bombten und mordeten Terrorkommandos wie RAF, Rote Brigaden, ETA oder IRA lokal und regional. Der neue Terror ist an keinen bestimmten Ort mehr gebunden. Seine Aktivisten kommen von überall her und nutzen die moderne Technologie der globalisierten Welt. Keine europäische Großstadt ist sicher, und es wäre naiv zu glauben, dass es keine Pläne und Aktivitäten mehr für neue und weitere Anschläge gäbe.

Wahhabismus – Salafismus – Dschihadismus

Schlagkräftige Begriffe, die sich fast täglich in den Medien finden, deren Bedeutung jedoch häufig vielen Menschen verborgen bleibt. Daher an dieser Stelle eine kurze, einfache Beschreibung:

WAHHABISMUS: Die »Bewegung zur Reinigung der islamischen Lehre« entstand in der Mitte des 18. Jahrhunderts in Arabien als Teil der einflussreichen Reinigungsbewegung um Muhammad ibn Abd al-Wahhab ibn Suleiman at-Tamimi (1703–1791) aus Nedschd. Inspiriert von Texten des Gelehrten Ibn Taimiya (1263–1328) forderten der religiöse Reformer und seine Schüler die Rückkehr zur Reinheit des frühen Islam.

SALAFISMUS: Hierbei handelt es sich um eine vielschichtige islamistische Strömung, die in ihrer modernen Erscheinungsform überwiegend vom Wahhabismus geprägt wird. In ihrem Islamverständnis orientieren sich Salafisten am Vorbild des Propheten Mohammed und der frühen Muslime, von denen sie annehmen, dass in deren Epoche der Islam wahrhaftig und richtig praktiziert worden sei.

DSCHIHADISMUS: Die extremistische Form des Salafismus, die einen bewaffneten Kampf fordert. Die Hauptziele des Dschihad sind diejenigen, die als Ungläubige gelten, diejenigen, die sich vom Glauben abgewandt haben, und diejenigen, deren Glauben falsch oder heuchlerisch ist. Da alle, die sich nicht zum salafistischen Konzept des »reinen Islam« bekennen, als Ungläubige betrachtet werden, kämpfen Dschihadisten generell gegen jeden.

Das Ziel ist die Vernichtung aller nicht religiös besetzten Ansätze sowie Elemente späteren islamischen Ursprungs, die erst im Verlauf der globalen Expansion des Islam nach dem Tod des Propheten Mohammed der Religion beitraten. Hierzu rechnen Dschihadisten insbesondere die Schiiten.

Der Dschihadismus verfolgt das Ziel, dem Islam als politische Ordnung weltweit Geltung zu verschaffen. Bei der Umsetzung dieses Vorhabens werden der Westen und seine Verbündeten als Haupthindernis betrachtet, denen zugleich auch einseitig die Verantwortung für den kulturellen und politischen Niedergang der islamischen Welt angelastet wird.

Zudem erhebt man gegenüber dem Hauptfeind »Westen« den Vorwurf, einen Vernichtungsfeldzug gegen den Islam zu führen, der nach dem Vorbild der mittelalterlichen Kreuzzüge, wie Salafisten behaupten, zu einer christlich-jüdischen Dominanz in der Region des Nahen Ostens führen soll.

Was macht diesen sogenannten islamischen Terror heute aus?

- Er ist politischer Natur – radikal-islamische bewaffnete Gruppen setzen Gewalt ein, um politische Ziele zu erreichen.
- Er richtet sich gegen zivile Opfer – islamistisch motivierte Terroristen machen bei der Auswahl ihrer Opfer keinen Unterschied mehr – egal ob Zivilisten oder Militärs, Christen oder

Muslime. Sie möchten eine maximale Anzahl an Menschen töten.

- Er verbreitet ein Klima extremer Angst – es geht diesen Terroristen darum, größtmöglichen Schrecken zu verbreiten.
- Er agiert weltweit – diese Terroristen sind die neuen »Global Player«.

Wer steckt nun wirklich hinter den Anschlägen von Madrid, London oder Mumbai?

Bezeichnungen wie Fundamentalisten, Islamisten oder Dschihad-Terroristen sind in der Regel schnell gefunden, gemeint sind in allen Fällen fanatische, gewaltbereite Muslime. Sie erheben den Anspruch, für die wahrhaftige, reine, ursprüngliche Form des Islam einzutreten und nicht für die Art von gemäßigtem Islam, wie sie gegenwärtig von der Mehrheit aller Muslime praktiziert wird.

Dennoch muss klar zwischen dem Islam als Weltreligion und den Formen des islamischen Extremismus unterschieden werden. Terroristische Bewegungen und deren Aktivitäten per se »islamisch« zu nennen ist nicht korrekt. Osama bin Laden und die al-Qaida repräsentieren nicht den Islam, viele Aussagen und Aktionen stehen in direktem Widerspruch zu elementaren islamischen Grundregeln. Trotzdem sind sie aus der islamischen Zivilisation hervorgegangen.

Islamisten wollen den islamischen Staat, einen, der die Scharia anwendet und demzufolge die strikte Umsetzung der islamischen Rechts- und Werteordnung. Die Mehrheit der Muslime hingegen wünscht sich eine auf islamische Werte ohne Gewaltanwendung gegründete Gesellschaft, aber keinen »islamischen Staat« nach dem Muster wie zum Beispiel des heutigen Iran.

Eine Minderheit ist jedoch davon überzeugt, dass gegen einen übermächtigen Gegner – *z. B. die eigenen herrschenden korrupten Regime, »die Juden«, »den Westen«* – nur der bewaffnete Kampf der heiligen Sache zum Durchbruch verhelfen kann – und wenn es sein muss für den Preis des eigenen Lebens.

Wie viel Terror verträgt der Islam?

Noch immer sind kritische Stimmen aus der islamischen Welt eher selten gegen diejenigen, die im Namen ihrer Religion Anschläge verüben und unschuldige Menschen töten. Einzelne religiöse Führer verurteilen die terroristischen Attentate mit Nachdruck, andere beteuern halbherzig, dass der Islam doch eigentlich »Frieden« bedeute. Stattdessen wird entweder den Terroristen offen oder heimlich Wohlwollen entgegengebracht oder weite Kreise hüllen sich in Schweigen. Letztere fürchten auch, dass jedes Wort gegen die selbsternannten Dschihad-Kämpfer als Sympathie für Amerika und den Westen ausgelegt werden könnte.

Bis heute gibt es keinen offiziell publizierten Rechtsspruch durch hochrangige Islam-Gelehrte, der sich vehement gegen die radikalen Islamisten wendet und der ihnen mit Ausschluss aus der religiösen Gemeinschaft, der Umma, droht.

Warum Menschen töten?

Warum töten Akteure radikal-islamischer Gruppierungen heute so gnadenlos Menschen in Istanbul, Casablanca, Riad, Bagdad, Madrid, Kabul, London oder Mumbai? Für welche Ziele kämpfen sie?

Nach den Anschlägen vom 11. September 2001 veröffentlichte Osama bin Laden eine Videobotschaft. Darin hieß es sinngemäß: *»Was Amerika jetzt erfährt, ist unbedeutend im Vergleich zu dem, was wir seit etlichen Jahren erfahren …«* Er verwies auch *»auf die grausamen Kämpfe, denen Muslime in aller Welt zum Opfer gefallen waren: in Palästina, im Libanon, Tadschikistan, Kaschmir, auf den Philippinen, in Somalia, Bosnien-Herzegowina und Indonesien«.*

Die Aggressivität radikal-islamistischer Gruppen wie al-Qaida richtet sich primär gegen den Westen – hauptsächlich die USA – und den Staat Israel sowie gegen die ihrer Überzeugung nach korrupten Regime in den eigenen Ländern. Diese werden von ihnen als Komplizen des Westens und als Verräter an ihren eigenen Völkern und am wahren Glauben betrachtet. Die Dschihad-Kämpfer wollen die »jüdische Weltverschwörung der Kreuzritter und Freimaurer« gegen den

Islam abwehren und das maurische Königreich in Andalusien wiedererrichten. Sie wollen die Niederlage der muslimischen Armeen 1683 vor Wien ausmerzen und weltweit einen islamischen Gottesstaat errichten. Der bewaffnete Kampf ist für diese radikalen Gruppen legitim. Ihrer Ansicht nach haben Muslime hierzu nicht nur das Recht, sondern auch die Pflicht. Der Zorn darüber, was ihrer Ansicht nach in Palästina, Afghanistan, Pakistan oder im Irak geschieht, treibt dieser Bewegung immer neue Märtyrer zu. Der Terror-Dschihad ist ein weltumspannendes Netz von Anhängern, die bereit sind, für ihre Ziele zu töten und zu sterben. Den Kandidaten wird eine doppelte Belohnung versprochen: im Leben nach dem Tode die Freuden des Paradieses, in der realen Welt Prämien und Stipendien für ihre zurückbleibenden Familien. Geld spielt aber nicht die ausschlaggebende Rolle. Im Mittelpunkt stehen der Respekt, die Ehre und der hohe Stellenwert in der eigenen Glaubensgemeinschaft. Ihr Wunsch, gegen die Feinde des Islam etwas tun zu können, ist sehr stark. Dies vermitteln die religiösen Fundamentalisten überzeugend.

Wo aber liegen die Wurzeln dieser völlig neuen Art von Gruppierungen?

Zur Zeit des Kalten Krieges unterstützten die USA und die damalige Sowjetunion in vielen Teilen der Welt Rebellengruppen, um stellvertretend durch diese ihre jeweils eigenen politischen Ambitionen zu verfolgen. Nach dem 11. September 2001 wurde allmählich klar, dass der neue Feind einer war, der viele Jahre von der US-Außenpolitik unterstützt wurde – in Afghanistan.

Die Amerikaner verfolgten mit der Finanzierung des Afghanistankrieges in den Achtzigerjahren die Idee, die islamische Ideologie im Kampf gegen die Sowjets zu benutzen. Nach deren Besetzung Afghanistans sahen sie die lang erwartete Chance, Vergeltung für die eigene Demütigung in Vietnam zu üben, und unterstützten gemeinsam mit Saudi-Arabien die Mudschaheddin mit Waffen und Ausrüstung für den antisowjetischen Dschihad. Nach dem Rückzug der Sowjets im Jahre 1991 begann ein Bürgerkrieg verschiedener Mudschaheddin-Gruppen um die Macht in Afghanistan, aus dem die Bewegung der Taliban 1996 als Sieger hervorging. Sie führte unmittelbar nach der Machtergreifung mit der Scharia das islamische Recht ein, unter anderem mit einem Schulverbot für Mädchen, Berufsverbot für Frauen und entsprechend strengen Bekleidungsvorschriften. Noch während des Bürgerkrieges ermöglichten die Taliban Osama bin Laden die Einreise nach Afghanistan, um dort die Terrororganisation al-Qaida aufzubauen. Als 1991 die sowjetischen Truppen aus Afghanistan abzogen, traten viele Kriegsveteranen dieser Gruppe bei. In ihren Augen hatten sie die Russen aus Afghanistan vertrieben und ihnen eine bittere Niederlage zugefügt. Nach diesem Triumph über eine der Supermächte fühlten sie sich stark genug, es mit der zweiten aufzunehmen – den USA, denen sie nun den Krieg erklärten.

Saudi-Arabien

Dass allein 15 der 19 Attentäter vom 11. September 2001 einen saudischen Pass besaßen, war für die Saudis und Amerikaner lange Zeit unbegreiflich. Die Attentäter kamen wie Osama bin Laden zumeist aus wohlhabenden Familien und waren ein Teil des Establishments.

In Saudi-Arabien liegen die Wurzeln einer besonders strengen fundamentalistischen Version des Islam, des Wahhabismus, dessen Ziel die Rückkehr zum reinen, unverfälschten Islam ist. Die Saudis nutzten ihre Gewinne aus dem Erdölexport, um ihre Auslegung des Islam zu propagieren und über die ganze Welt zu verbreiten – bis in die Länder Westeuropas und Amerikas. Sie boten finanzielle und logistische Unterstützung für die Einführung religiöser Gerichte und die Anwendung der Scharia, Fördermaßnahmen für Frauen, die sich verpflichteten, den Schleier zu tragen, und vieles mehr. Nach Auffassung Osama bin Ladens hat das saudische Königshaus durch seine engen Beziehungen mit den USA bei der Durchsetzung des wahhabitischen Islam und als Beschützer der heiligen Stätten Mekka und Medina versagt. Daher habe es seine Legitimation als Herrscher Saudi-Arabiens verloren und müsse bekämpft werden. Den USA als engsten Verbündeten der Saudis erklärte Osama bin Laden gleichzeitig den Krieg aufgrund der Stationierung von US-Truppen im Land. Das sei eine Entweihung des »Heiligen Landes der Muslime«.

Was Terroristen brauchen

Radikal-islamistische Terroristen brauchen keine verbündeten Regierungen. Sie brauchen das Umfeld eines Bürgerkrieges – wie er in Afghanistan, auf dem Balkan oder in Teilen Palästinas existierte oder noch existiert und sich nun auch in Regionen Afrikas abzeichnet. Sie brauchen gescheiterte Staaten, wo Recht und Gesetz nicht oder nur noch bedingt vorhanden sind. Wenn Staaten sich nicht mehr selbst regieren können, werden sie zu Zufluchtsorten für Terroristen und Kriminelle, zu Umschlagplätzen für Drogen, Waffen, Schwarzgeld, Menschenhandel oder illegale Einwanderer.

Ökonomie des Terrors

Der Begriff »Ökonomie des Terrors« umschreibt ein rasch wachsendes internationales Wirtschaftssystem mit einem Umsatz von etwa 1,5 Milliarden Dollar – das Doppelte des britischen Bruttoinlandsprodukts. Bewaffnete Gruppen besitzen legale Firmen, erhalten Spenden, betreiben illegalen Handel mit Drogen, Erdöl, Gold, Diamanten, Alkohol, Zigaretten usw. Längst wurden alle Formen der organisierten Kriminalität erreicht. Die Wechselwirkung zwischen der Ökonomie des Terrors und der Wirtschaft westlicher Länder ist erstaunlich hoch: Westliche Finanzinstitute verwalten die Gewinne aus den Quellen der illegalen Wirtschaft, westliche kriminelle Strukturen sind die größten Abnehmer von Drogen und liefern im Gegenzug Waffen – das sind die wichtigsten Posten in den Kontenplänen bewaffneter Organisationen.

Neue Weltordnung – Moral des Westens

Gegen Ende des 20. Jahrhunderts zerbrach die alte Weltordnung, die bis dahin durch die Gegensätze der beiden Supermächte USA und Sowjetunion gekennzeichnet war. Die USA haben seitdem ihre Vormachtstellung weiter ausgebaut und dazu auch Organisationen wie die UNO oder die OSZE benutzt. Als die Taliban 1996 Kabul eroberten, sahen die USA über die fehlende Demokratie und die staatliche Verfolgung von Frauen hinweg.

Warum? Alle Gas- und Ölleitungen, welche die enormen Energiereserven Zentralasiens und des Kaspischen Meers zum Indischen Ozean und Arabischen Meer transportieren, kreuzen Afghanistan. Auch gegenüber Saudi-Arabien, dem weltgrößten Ölproduzenten, ist eine ähnliche Politik anzunehmen.

Da Amerika vom saudischen Öl abhängig ist, war die oberste Priorität der US-Außenpolitik während und nach der letzten Ölkrise dafür zu sorgen, dass das saudische Königshaus die Kontrolle über die größten Erdölreserven der Erde behalten konnte.

Die USA und die NATO führen heute weltweit gemeinsame militärische Einsätze durch und berufen sich dabei auf den Artikel 5 des NATO-Vertrages, in dem der Bündnisfall vorgesehen ist. Durch den nach dem 11. September von den USA ausgerufenen *»Global War against Terrorism«* und die Operation *»Enduring freedom«* befinden sich seit 2001 bis heute mehr als 100.000 Soldaten aus über 40 Nationen im Kampfeinsatz gegen Taliban und al-Qaida in Afghanistan.

Seit 2003 besteht im Irak eine unverändert starke Präsenz von britischem und US-Militär, insgesamt sind mehr als 200.000 Mann aus westlichen Staaten in den Regionen des Nahen bzw. Mittleren Ostens im Kriegseinsatz. Radikal-islamische Strömungen empfinden diese Aktivitäten als Angriff auf den Islam und haben zum weltweiten »Heiligen Krieg« gegen die »Besatzung« aufgerufen.

Ideologie

Radikale Islamisten und Fundamentalisten benennen zwei Ursachen für die Unterlegenheit und die soziale und wirtschaftliche Misere vieler islamischer Staaten – einerseits die Verschwörung des Westens mit dem Ziel, die islamische Welt zu vernichten, andererseits den mehrheitlich begangenen Verrat an den reinen islamischen Werten in den eigenen Reihen.

Ihre Doktrin lautet: »Der Islam ist die Lösung«, hierzu entnehmen sie dem Koran, was in den ideologischen Teil des Dschihad hineinpasst. Wesentliches wie das Verbot, Unschuldige sowie Frauen und

Kinder zu töten oder am Kampf Unbeteiligten etwas anzutun, wird hierbei schlicht ignoriert.

Für die radikal-islamische Hamas-Bewegung, die sich auf den Dschihad beruft, gibt es keine Unschuldigen oder an einem Kampf Unbeteiligten. Für sie ist zum Beispiel die gesamte Bevölkerung des Staates Israel genauso schuldig wie deren politische Führung und daher legitimes Angriffsziel. Das gleiche Prinzip steht hinter dem Aufruf Osama bin Ladens, wo und wann immer möglich Amerikaner zu töten.

Ein weiteres Beispiel: Im Jahr 2001 stimmte die Vereinigung der islamischen Religionsgelehrten dem Märtyrertum zu und erklärte Selbstmordattentate zu einem Bestandteil des gerechten Krieges. Begründung: Weil sie *»den Feind vernichten und Angst in die Herzen der Feinde tragen, den Feind provozieren und die Fundamente seiner Einrichtungen ins Wanken bringen«* – der ursprüngliche Koran selbst kennt keine Selbstmordattentäter.

Der Dschihad des 21. Jahrhunderts ist seitdem eine gefährliche Mischung aus revolutionärer islamischer Ideologie, der Suche vieler Muslime nach einer neuen Identität und sozial-ökonomischen Bestrebungen.

Was tun gegen diesen Terror?

Mit dem Führen eines Krieges können Territorialstaaten besiegt werden – Terroristen dagegen haben keinen festen Wohnsitz. Eine effektive Bekämpfungsstrategie muss die eines liberalen Rechtsstaates sein, mit international verbundenen Polizeibehörden und Nachrichtendiensten.

Der islamistische Terrorismus – wie jeder Terrorismus – kann nicht allein nur durch polizeiliche Maßnahmen und schon gar nicht nur mit militärischen Kampfeinsätzen besiegt werden.

Die Wut vor allem vieler junger Muslime gegen den in ihren Augen arroganten, gottlosen und dekadenten Westen wächst. Im Westen dagegen wächst die Wut gegen den Terror der Islamisten und das Vorurteil, alle Muslime seien grundsätzlich gewaltbereit.

Die aktuellen Feindbilder auf beiden Seiten haben Hochkonjunktur – der Westen gegen den Islam, der Islam gegen Israel, und umgekehrt. Feindbilder reagieren wie Anti-Personen-Minen, sie könnten explodieren oder im Dialog entschärft werden.

RÜCKBLICK

Abgeleitet vom lateinischen Ausdruck *terror* (»Furcht«, »Schrecken«) wird heute dieser Terminus verwendet, um Gewaltanwendung von ideologisch motivierten Gruppen zu benennen, deren Fokus die Verbreitung von Angst und Schrecken sowie das Erreichen von Aufmerksamkeit ist. Diese Beschreibung ist aus mehreren Gründen nicht unproblematisch:

1. Es ist nicht immer eindeutig, ob für eine Gewalttat ideologische Gründe ausschlaggebend waren.
2. »Terroristisch« motivierte Anschläge werden häufig auf Soldaten, Sicherheitskräfte oder Funktionäre eines bekämpften Regimes verübt.
3. Einzelne Terrorgruppen werden nicht selten in einzelnen Staaten direkt unterstützt oder zumindest geduldet.
4. Das eigentliche Motiv kann nicht immer bestimmt werden.

Terroristische Methoden sind keine Erfindung oder Entwicklung der Moderne, sondern sind auch für frühere Epochen und Gesellschaften belegt. In Europa und auch im Orient wurden Vorläufer entdeckt, wie zum Beispiel:

- die Zeloten und Sicarii, die sich im Palästina des 1. Jahrhunderts n. Chr. gegen die Römer auflehnten;
- die Kreuzfahrer, die ihre Angriffe häufig gegen die Zivilbevölkerung richteten;
- die Hash-Ishiim, eine islamische Sekte des Mittelalters;
- die Thugs, eine indische Glaubensgemeinschaft, deren Mitglieder bis in das 19. Jahrhundert hinein Menschen im Glaubenskult der Göttin Kali erdrosselten.

Auch in der wissenschaftlichen Literatur sind zahlreiche Beispiele beschrieben. Sie bleiben jedoch weitgehend umstritten, da bisher keine Erklärung des Begriffs »Terrorismus« einen allgemeinen Konsens erreicht hat.

Französische Revolution

Terrorismus als explizite Methode wurde erstmals durch die Französische Revolution bekannt, in deren Schlussphase Terror im Rahmen der »Schreckensherrschaft« (»régime de la terreur«) als Machtmittel angewendet wurde. Die systematische Anwendung von Staatsterror im Frankreich Ende des 18. Jahrhunderts kann als eine Demonstration der Möglichkeiten terroristischer Praktiken verstanden werden, die in der Folgezeit zahlreiche Gruppen und Theoretiker herausforderte und inspirierte.

Das »régime de la terreur« als staatliches Instrument des neuen revolutionären Frankreichs sorgte für die Festigung der neuen Regierung durch Einschüchterung und Verfolgung von Konterrevolutionären, subversiven Elementen und Andersdenkenden, die vom neuen Regime als »Volksfeinde« betrachtet wurden.

Seinen Höhepunkt erreichte das System des Terrors unter der Herrschaft Robespierres. Dieser bezeichnete den Terror der Staatsführung als eine »Ausdrucksform der Tugend« und wies darauf hin, dass Terror nichts anderes als »Gerechtigkeit, und zwar sofortige, unnachsichtige und unbeugsame Gerechtigkeit« sei.

> Zitat: *»In unserem Land wünschen wir Moral anstelle von Selbstsucht, Ehrenhaftigkeit und nicht bloß ›Ehre‹, Prinzipien und nicht bloß Gewohnheiten, Pflichterfüllung und nicht nur Gehorsam, den Einfluss der Vernunft und nicht die Tyrannei der Mode, Abscheu vor dem Laster und nicht Verachtung für die Unglücklichen ...«*

Mit diesen Worten beschrieb Robespierre im Jahr 1794 die Ziele seiner Gewaltpolitik, deren Inhalte – entsprechend modifiziert – in viele Schriften terroristischer Gruppierungen (RAF, Rote Brigaden) und religiöser Extremisten der Gegenwart übernommen wurden.

Russland

Auf theoretischer Seite entwickelten einige Denker im Umfeld der russischen Anarchisten des 19. Jahrhunderts die Ansichten zum terroristischen Handwerk weiter, wie z. B. Sergej Netschajew (1847–1882), der gemeinsam mit Michail Bakunin (1814–1876) einen »revolutionären Katechismus« verfasste. Ein weiterer russischer Intellektueller von Bedeutung in diesem Kontext war Fürst Piotr Alexejewitsch Kropotkin (1842–1921), der ähnlich wie Bakunin aus altem russischen Adel stammte und Begeisterung für anarchistische Ideen zeigte. Kropotkin formulierte 1868 einige Grundprinzipien, die weitestgehend bis heute – nicht nur für terroristische Ansätze – aktuell sind.

> Zitat: *»Durch Tatsachen, die sich der allgemeinen Aufmerksamkeit aufzwingen, dringt die neue Idee in Köpfe ein und erobert Anhänger. Manche Tat macht in einigen Tagen mehr Propaganda als Tausende von Broschüren ...«*

Das russische Zarenreich wurde in der zweiten Hälfte des 19. Jahrhunderts gleich von mehreren terroristischen Kampagnen erschüttert, die teilweise als Vorläufer der Revolution von 1917 angesehen werden. Relativ gut erforscht wurde die Gruppe Narodnaja Volja (»Volkswille«), die von 1878 bis 1881 Anschläge auf Polizeifunktionäre sowie andere Verantwortungsträger organisierte und 1881 den Zaren, Alexander II., ermordete.

Historisch belegt ist, dass in dieser Gruppe ethische Fragen intensiv diskutiert wurden, wie unter anderem die Rolle von Gewalt, die als notwendiges Übel im Kampf gegen ein autokratisches Regime beschrieben wurde.

Mit der Erfindung des Dynamits Mitte des 19. Jahrhunderts wurde die Bombe als Instrument entdeckt. Nachdem 1858 ein Anschlag auf Napoleon III. mit acht Toten und 156 Verletzten verübt wurde, folgten zahlreiche weitere Anschläge auf Kaiser, Könige, Staatspräsidenten und Abgeordnete in Deutschland, Italien, Spanien, Frankreich, Russland, Österreich, Italien und den USA.

Zu Beginn des 20. Jahrhunderts existierte eine ganze Reihe von terroristischen Organisationen, die Anschläge auf Staatsoberhäupter weiteten sich aus. Der anarchistische Linksterrorismus löste sich weitestgehend auf und trat erst wieder in den 60er-Jahren in Erscheinung. Verdrängt wurde er durch nationalistische, rechtsradikale sowie kommunistische Massenbewegungen, die in Deutschland, Italien und Russland in den 30er- und 40er-Jahren massiv auftraten.

Nach dem Zweiten Weltkrieg wurden terroristische Praktiken zunächst vor allem im Freiheitskampf gegen Kolonialherren in Asien, Afrika und dem Nahen Osten eingesetzt. Besonders auffällig waren in den 60er- und 70er-Jahren Gruppierungen mit nationalpolitischen und revolutionären Zielen, wie etwa RAF, PLO, Rote Brigaden oder ETA. Ebenfalls seit den 70er-Jahren ist eine zunehmende Internationalisierung des Terrorismus zu beobachten. Mit den religiös motivierten Erscheinungsformen – die seit den 90er-Jahren immer häufiger auftreten – sind neue Strukturen mit international geführten Kommandoebenen entstanden.

INTERNATIONALER TERRORISMUS

Mit dem Begriff »Internationaler Terrorismus« werden heute Anschläge bezeichnet, bei denen entweder ausländische Personen bzw. deren Eigentum oder aber das Territorium eines anderen Staates zum Angriffsobjekt werden. Täter und Opfer sind häufig nicht Angehörige desselben Staates. Ziel ist es, die Aufmerksamkeit der Weltöffentlichkeit zu erregen und bestimmte Anliegen auf die internationale Tagesordnung zu setzen.

Obwohl die Anschläge von New York, Madrid, London und Mumbai zu einem beinahe schon zentralen Thema in Europa geworden sind, bleibt sowohl die Beurteilung der Bedrohung als auch die Bedeutung verwendeter Bezeichnungen nach wie vor im Unklaren. Welche Anschläge wem zugeschrieben werden können und welche Befehls- und Planungsstrukturen gegenwärtig existieren, ist ebenso umstritten wie die Definition des Ausdrucks »globale Ausweitung«.

Während sich bei vielen Menschen bereits Angst vor großen Menschenansammlungen und öffentlichen Verkehrsmitteln bemerkbar macht, werden in Politik und Medien schlagkräftige Begriffe geprägt, emotional aufgeladen und instrumentalisiert – sei es als Legitimation für Gesetzesänderungen oder als Rechtfertigung für die Entwicklung neuer Waffensysteme und die Platzierung weiterer Überwachungstechnologien.

Längst existieren zahlreiche theoretische Modelle, die den Anspruch erheben, terroristische Phänomene zu erklären, und die trotzdem im direkten Vergleich erheblich voneinander abweichen.

Terrorismus in Theorie und Praxis hat eine lange Tradition, deren Studium den Blickwinkel auf die gegenwärtigen Entwicklungen und Gefahren herausfordert und erweitert.

Beispiel New York, USA, 11. September 2001

Die Anschläge vom 11. September 2001 auf das World Trade Center in New York und das Pentagon in Washington waren der dramatische Ausdruck und Höhepunkt einer neuen Form des Terrorismus, die sich im Laufe der Neunzigerjahre entwickelt hat und sich nicht zuletzt auch der Möglichkeiten bedient, die mit der Globalisierung verbunden sind. Dies gilt vor allem für die Bildung von internationalen Netzwerken und die weltweite Rekrutierung von Mitgliedern. Ebenso spielt die Nutzung verschiedener Finanzquellen und moderner Kommunikationsformen wie etwa des Internets eine immer größere Rolle. Die Urheber der Anschläge wollten diese auch als eine Reaktion auf die »Globalisierung« im Sinne von »westlicher Dominanz« oder »Amerikanisierung« verstanden wissen. Das Ziel ist, bestimmte Weltregionen von »westlichen« Einflüssen zu »befreien«. Die Attentate vom 11. September 2001 weisen darüber hinaus einige Besonderheiten auf:

1. Sie machten deutlich, dass bestimmte Terrorgruppen heute in der Lage sind, kriegsähnliche Zerstörungen anzurichten. Nie zuvor hatte ein Terroranschlag mehr Tote gefordert (über 3.000 Opfer) und mehr wirtschaftliche Schäden verursacht. Offenbar ging es den 19 Attentätern nicht allein um ein Maximum an internationaler Aufmerksamkeit, sondern auch um ein Maximum an Opfern.
2. Es gab von dem Ereignis Live-Bilder – ein welthistorisch einmaliger Vorgang. Während bei Terrorakten in der Regel nur die Folgen zu sehen sind, konnte am 11. September die Weltöffentlichkeit in Echtzeit verfolgen, wie das zweite Passagierflugzeug in den Nordturm des World Trade Center flog.
3. An den Anschlägen zeigte sich die wachsende Fähigkeit von Terroristen, komplexe Operationen, insbesondere simultane Attentate, zu planen und durchzuführen.
4. Die Attacken erfolgten auf dem Territorium der USA, das bis dahin von äußeren Angriffen im Wesentlichen verschont geblieben war.

Beispiel Madrid, Spanien, 11. März 2004

Bei der Anschlagserie in Spanien kamen 191 Menschen ums Leben, rund 1.800 wurden verletzt. Die Attentäter hatten im morgendlichen

Berufsverkehr fast zeitgleich zehn Bomben in voll besetzten Pendlerzügen gezündet. In vier Zügen explodierten Sprengsätze, einer davon im Bahnhof Atocha, der wichtigsten Station Madrids. Drei weitere, in Reisetaschen versteckte Bomben konnten kontrolliert gesprengt werden. Laut Ermittlern sollten sie zeitversetzt explodieren und Polizisten und Retter treffen. Die Sprengkraft von nur einer der nicht explodierten Bomben hätte ausgereicht, um den ganzen Bahnhof in die Luft zu sprengen.

Beispiel Mumbai, Indien, 26. November 2008

Bei Anschlägen in Mumbai (Bombay) am 26. November 2008 kam es in der Finanzmetropole durch eine Gruppe von Angreifern innerhalb kurzer Zeit zu 17 Explosionen, Angriffen und Geiselnahmen an zehn verschiedenen Stellen der Stadt. Die Attentäter wurden nach heftigen Gefechten mit den Sicherheitskräften im Laufe des 27., 28. und 29. November festgenommen oder erschossen. Nach Angaben von Augenzeugen wurden die Geiseln gezielt nach ihrer amerikanischen oder britischen Staatsangehörigkeit unter den zufällig Anwesenden ausgewählt. Die Zahl der Todesopfer wurde offiziell am 30. November mit 174, die der verletzten Personen mit 239 bestätigt.

Merkmale des internationalen Terrorismus

Vier Aspekte lassen sich festhalten:

1. Internationale Bedeutung

Im Unterschied zu seinen Vorläufern erreicht der globale Terrorismus durch Netzwerke vom Typ al-Qaida ein hohes internationales Gefährdungspotenzial. Angriffsziele sind nicht eine spezifisch nationale, sondern die bestehende weltweite Ordnung. Die Anschläge selbst richten sich dabei in erster Linie gegen die USA und ihre Verbündeten. Das Ziel besteht darin, den Einfluss des »Westens« aus jenen Regionen zurückzudrängen, die in den Augen der Terroristen als islamisch gelten. Mit dieser Ideologie werden Kämpfer und Attentäter mit unterschiedlichem nationalen, ethnischen oder sprachlichen Hintergrund zu einer handlungsfähigen Gemeinschaft geformt. Neben al-Qaida gibt es noch weitere Gruppen, die diese Merkmale bereits in Ansätzen aufweisen, darunter das südostasiatische Netzwerk Jemaah Islamiyah, das den Zusammenschluss von Malaysia, Indonesien, Singapur und den Süd-Philippinen zu einem islamischen Staat fordert und damit die regionale Ordnung ändern will.

2. Dezentrale Netzwerkstrukturen

Die besonderen Organisationsformen des internationalen Terrorismus sind dezentrale, netzwerkartige Strukturen, die sich ungeachtet regionaler Schwerpunkte über den gesamten Globus erstrecken. Dabei sind mit Blick auf die Al-Qaida-Führungsebene Terrorzellen sowie assoziierte und »befreundete« Terrorgruppen in unterschiedlicher Intensität miteinander verbunden. Auszugehen ist von einem Modell, bei dem mehrere Knotenpunkte effektiv miteinander vernetzt sind, während andere Teile des Netzwerks halbautonom agieren, ohne dass die Führungsebene an Kontrolle oder Einfluss verliert. Zudem handelt es sich bei al-Qaida um eine multinationale Organisation. Die Rekrutierung neuer Mitglieder kennt keine nationalen Grenzen, sondern findet im Prinzip weltweit statt. Allerdings lagen die Schwerpunkte bei al-Qaida zunächst in Nordafrika, in der Golfregion, in Afghanistan und Pakistan sowie in Südostasien.

3. Finanzierung und Unterstützung

Der internationale Terrorismus verfügt über mehrere legale oder illegale Finanzquellen und wird zudem vorrangig von nicht staatlichen Akteuren unterstützt. Zu diesen zählen Diaspora-Gemeinschaften, Flüchtlinge, reiche Privatleute, Firmen, Stiftungen sowie religiöse oder »wohltätige« Einrichtungen, die gezielt Spendengelder einwerben, von denen ein Teil in das Terrornetzwerk fließt. Diese Aktivitäten werden teilweise auch begünstigt durch die Globalisierung – wie z. B. den Wegfall von Kapitalkontrollen, die Liberalisierung der Finanzmärkte und den Abbau von Grenzkontrollen. Dagegen ist die staatliche Förderung oder Duldung, wie sie noch für den internationalen Terrorismus der Siebziger- und Achtzigerjahre typisch war, für den globalen Terrorismus heute eher von sekundärer Bedeutung.

4. Taktik und Zerstörungspotenzial

Die taktische Vorgehensweise innerhalb dieser Netzwerke versetzt Akteure in die Lage, mehrere Anschläge parallel zu planen und zeitgleich an unterschiedlichen Orten durchzuführen. Bei größeren Operationen werden mehrere Terrorzellen aktiviert, vorbereitet und – wie beim 11. September – in das Zielgebiet gebracht, um dort in koordinierter Weise zuzuschlagen. Das Zerstörungspotenzial selbst ist deutlich höher als bei herkömmlichen Terrorgruppen, sowohl was die Bereitschaft als auch was die operativen Fähigkeiten zur Zerstörung betrifft. Einkalkuliert wird nicht nur eine hohe Zahl von Todesopfern, sondern auch ökonomische, soziale und psychologische Folgen. Es ist davon auszugehen, dass solche terroristischen Gruppen inzwischen bereit sind, sich chemische, biologische oder atomare Waffen zu beschaffen und diese auch einzusetzen.

DIE SITUATION IN DER EUROPÄISCHEN UNION

Bedrohungspotenzial

Die Gefahr von Anschlägen hat in den Mitgliedsländern der EU seit dem Jahr 2009 weiter zugenommen. Für Frankreich, Italien und Deutschland muss die Bedrohung ihrer Territorien weiterhin als »hoch« eingestuft werden. In Großbritannien gilt die Gefährdung des Landes durch einen terroristischen Anschlag als sehr wahrscheinlich. Darüber hinaus wird in Frankreich, Italien, Spanien und Portugal davon ausgegangen, dass die zunehmenden Aktivitäten von »Al-Qaida im Islamischen Maghreb« (AQIM) durch den Fokus auf internationale Ziele einen ansteigenden Einfluss auf das Bedrohungspotenzial in ihren Ländern nehmen werden.

Für Italien ist darüber hinaus zu befürchten, dass aufgrund der geografischen Nähe zum Maghreb und des relativ kurzen Seewegs ein weiteres terroristisches Bedrohungspotenzial durch nordafrikanische Nationalitäten entsteht, die sich den Zielen von AQIM verbunden fühlen und versuchen, in die EU über Italien einzureisen.

Tendenziell steigt in Frankreich, Österreich, Bulgarien, Deutschland und Belgien der Anteil von festgenommenen Straftätern mit Staatsangehörigkeiten der jeweiligen Heimatländer weiter an. Von einer Zunahme sogenannter »einheimischer« Terroristen ist somit auszugehen. Die inhaftierten Personen aus den Ländern Nordafrikas konnten in direkten Zusammenhang mit dort aktiven terroristischen Vereinigungen wie der »Marokkanischen Islamischen Kampfgruppe« (GICM) und »Al-Qaida im Islamischen Maghreb« gebracht werden.

Rekrutierung

Die Intensität der Rekrutierungsversuche hat seit 2009 weiter zugenommen. In Belgien, Rumänien, Spanien und Schweden wurde eine Reihe von Personen festgenommen unter dem dringenden Tatverdacht, für den globalen Dschihad angeworben zu sein. Videos und

Filme, die junge Moslems auffordern, am globalen Dschihad teilzunehmen, spielen inzwischen eine bedeutende Rolle im Rekrutierungsansatz. Die andauernden Konflikte im östlichen und südlichen Asien sind dominierende Begründungen für al-Qaida und sich in deren Netzwerk befindende Gruppen.

Die methodische Nutzung des Internets und anderer elektronischer Medien wird auch im Jahr 2010 eine wesentliche Plattform für die wachsende Zahl von Personen sein, die sich aktiv am islamistisch motivierten Terrorismus beteiligen wollen.

Propaganda

Die Auswertungen der Kriminalstatistiken in Verbindung mit islamistischen, terroristisch motivierten Aktivitäten belegen seit 2009 eine neue Qualität der Propaganda vor, während und nach geplanten Straftaten. Besonders zugenommen haben die Herstellung und Verbreitung von Schriften über Verteilernetze und die intensive Nutzung des Internets unter anderem für Aufrufe zum Mord und die Veröffentlichung von Bild- und Tonmaterial, wie z. B. Bauanleitungen für Sprengsätze oder die Verbreitung von Videobotschaften mit Aufrufen zur aktiven Beteiligung am weltweiten Befreiungskampf.

Die Führung von al-Qaida nutzte auch das Jahr 2009 für weitere, intensive Werbekampagnen. Analog zu diesen Aktionen wurde eine Reihe von vorbereiteten Reden und Interviews über die al-Qaida zuzuordnende Produktionsgesellschaft al-Sahab Media verbreitet.

Al-Sahab Media ist seit 2006 für die Führungsebene al-Qaida tätig und bis heute verantwortlich für die multimediale und mehrsprachige Propaganda der Organisation. Veröffentlichte Reden werden inzwischen durch englische bzw. arabische Untertitel ergänzt. Weitere Sprachen wie das afghanisch-pakistanische Paschtu und Deutsch sind neu hinzugekommen. Propagandamaterial wird auch immer öfter von Unterstützern des islamistischen Terrorismus produziert, ohne dass diese zwangsläufig aktive Mitglieder in entsprechenden Organisationen sind.

Ebenso ist das Internet zu einer noch intensiver genutzten Plattform geworden. Hauptakteur hier ist die Global Islamic Media Front

(GIMF), gegründet 2002 als rein arabische Organisation, die heute ihre Publikationen in viele Sprachen übersetzt, auch in Englisch, Französisch, Spanisch und Deutsch. Bereits im Jahr 2007 veröffentlichte GIMF zwei Videos in deutscher Sprache, in denen Österreich und Deutschland mit massiven Anschlägen gedroht wurde, wenn die beiden Länder nicht ihre militärischen Aktivitäten in Afghanistan einstellten.

Logistik

Die logistische Unterstützung von terroristischen Netzwerken in und außerhalb der EU besteht darin, Material, Kapital und gefälschte Ausweise zur Verfügung zu stellen.

Diese Aktivitäten sind auch in solchen EU-Mitgliedstaaten häufig, in denen eher ein niedrigeres Gefährdungsrisiko durch terroristische Anschläge besteht.

Die Methoden haben bereits Formen von organisierter Kriminalität mit Netzwerkcharakter angenommen. Sie reichen vom Handel mit Drogen, Menschenschmuggel, Herstellung und Verbreitung von Falschgeld bis hin zu allen Formen der Beschaffungskriminalität.

Ein weiteres Merkmal ist die Strukturierung von Transitwegen auf der europäischen Nord-Süd- bzw. der Ost-West-Achse, auf denen der Transport von Personen, Waffen, Kapital, Sprengstoff und weiterem Material per Pkw, Bus oder Bahn ermöglicht werden soll.

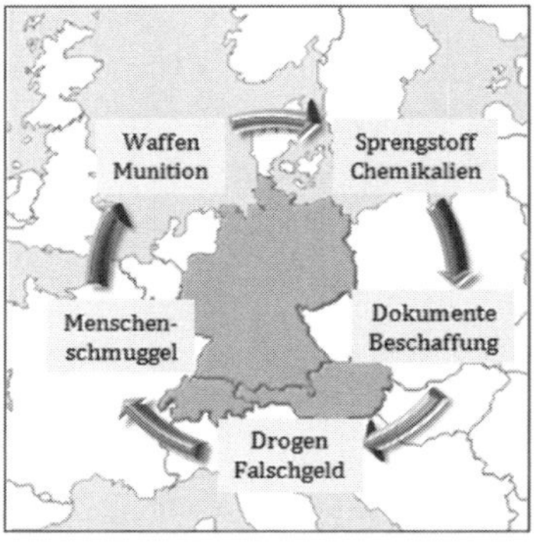

BEISPIEL AL-QAIDA

Die vier Aspekte

- internationale Ausweitung,
- dezentrale Netzwerkstrukturen,
- Finanzquellen und Unterstützung sowie
- Taktik und Zerstörungspotenzial

markieren den international operierenden Terrorismus, als dessen Prototyp das radikal-islamistische Netzwerk al-Qaida unter der Führung von Osama bin Laden gelten kann. Al-Qaida (»Die Basis«) entstand 1988/89 in Afghanistan und Pakistan. Ausgangspunkt waren Rekrutierungsbüros, die weltweit islamische Kämpfer anwarben und militärisch ausbildeten, um sie dann im Guerillakrieg gegen die sowjetische Besatzung Afghanistans einzusetzen.

Al-Qaidas Entwicklung lässt sich in drei Stufen unterteilen:

IN DER FRÜHPHASE (1988–1990) konzentrierte sich Osama bin Laden hauptsächlich auf den Krieg in Afghanistan. Parallel dazu begann er, seine zunächst am Guerillakampf orientierte Organisation zu einer global tätigen Terrorgruppe umzuwandeln, indem er beispielsweise entsprechende Ausbildungs- und Trainingslager organisierte.

IN DER ZWEITEN PHASE (1990–1996) weitete al-Qaida die Aktivitäten erheblich aus: Bin Laden verschärfte seine Agitation gegen die »korrupten« und »unislamischen« Eliten in muslimisch geprägten Ländern und beteiligte sich am Aufbau von lokalen Terrorzellen. Seit dieser Ausweitung engagiert sich das Netzwerk durch die Entsendung von Kämpfern und mit finanzieller Unterstützung in einer Reihe von Konflikten, in denen sich muslimische Gruppen bedroht sehen (zum Beispiel Süd-Philippinen, Bosnien, Kosovo, Tschetschenien, Kaschmir, Somalia). Darüber hinaus suchte die Führung enge Kontakte zu anderen islamistischen Führern, Terror- und Guerillagruppen in Nordafrika, dem Nahen und Mittleren Osten und in Zentral- und

Südostasien. Auch wenn es sich bei al-Qaida um ein transnationales Netzwerk handelt, verfolgt die Organisation im Grundsatz ein ähnliches Kalkül wie herkömmliche Terrorgruppen.

IN DER DRITTEN PHASE (ab 1996) geriet die westliche Welt, insbesondere die USA und Israel, noch stärker in das Blickfeld von al-Qaida. Seit der Jahrtausendwende ist auch Europa im Fokus zukünftiger Anschläge. Die primäre Zielsetzung hat sich seitdem verschoben: Der Kampf wird nicht mehr direkt gegen »korrupte« Systeme, sondern gegen den »Westen« geführt, der diese Systeme von außen stützt und dem unterstellt wird, die islamisch geprägte Welt zu »unterdrücken«.

Eine völkerrechtlich verbindliche Terrorismusdefinition gibt es derzeit nicht. Aus den verschiedenen Interpretationen lässt sich dennoch allgemein festhalten: Terrorismus ist eine Gewaltstrategie nichtstaatlicher Akteure, die damit nach eigener Aussage politische oder religiöse Ziele durchsetzen wollen. Die Strategie setzt im Wesentlichen auf psychische Effekte. Terroristen sind nicht in der Lage, Territorien zu erobern oder dauerhaft zu kontrollieren. Ziel ist die Einschüchterung der Bevölkerung insgesamt, von bestimmten Gruppen oder von Einzelnen.

Die Gewaltbereitschaft richtet sich gegen Ziele mit hohem Symbolgehalt, wie religiöse Orte, Denkmäler, Handels- und Bankenzentren, Polizei- und Militäreinrichtungen oder auch Regierungs- und Parlamentsgebäude. Ebenso ist eine Zunahme von Anschlägen auf weiche Ziele wie öffentliche Verkehrsmittel, Restaurants, Cafés, Diskotheken oder Marktplätze zu beobachten. Es soll damit verdeutlicht werden, dass es grundsätzlich jede Person an jedem beliebigen Ort zu jeder Zeit treffen kann. Ein weiteres strategisches Motiv mit steigender Tendenz ist die Gewinnung und Mobilisierung von Sympathisanten und Unterstützern sowie die Radikalisierung von politisch nahestehenden Bewegungen.

Kriminelle Aktivitäten

Die Entwicklung der meisten terroristischen Gruppen zeigt, dass mit der Zeit die eingesetzten Mittel zum Selbstzweck werden bzw. zur Sicherung der ökonomischen Basis der Terrororganisation dienen. Das belegt eine Reihe von kriminellen Aktivitäten, die keine primär politischen Ziele haben, sondern der Beschaffung von Finanzen dienen. Dazu gehören Banküberfälle, Geiselnahmen, Entführungen und Erpressungen, aber auch verstärkt die Beteiligung am Waffen-, Menschen- und Drogenhandel. Besonders deutlich wird diese Entwicklung am Beispiel Afghanistan, das inzwischen den weltweiten Opiummarkt zu mehr als 70% abdeckt – womit sich Taliban und al-Qaida einen lukrativen Finanzmarkt zur Deckung des eigenen Bedarfs erschlossen haben.

Wie gefährlich ist al-Qaida wirklich?

11. September 2001 – die meisten Menschen auf der Welt können sich erinnern, wo sie waren. Was sie gerade taten, als sie erfuhren, dass Terroristen drei entführte Flugzeuge in die Zwillingstürme des New Yorker World Trade Center und das Pentagon stürzen ließen, während ein vierter Jet auf einem Feld zerschellte.

Woran erinnern Sie sich?

Der globale Terrorismus, wie ihn al-Qaida praktiziert, kennt keine einfach zu identifizierenden Ziele: eine dänische Botschaft in Pakistan, ein Nachtclub auf Bali, Vorortzüge in London und Madrid, Hochzeitsgesellschaften in Jordanien, eine Synagoge in Tunesien, eine britische Bank in Istanbul, eine Sauerland-Zelle in Deutschland, Hotels in Indien und Indonesien.

Seit dem 11. September 2001 haben die Vereinigten Staaten von Amerika den »Globalen Krieg gegen Terror« ausgerufen. Sie sind mit Unterstützung der NATO in Afghanistan einmarschiert und haben den Krieg im Irak begonnen. Die CIA hat Terrorverdächtige auf der ganzen Welt in Gewahrsam genommen und nach Guantanamo Bay gebracht – auch solche, die nicht besonders verdächtig waren. Die öffentlichen Diskussionen hierzu sind bekannt.

Um sich zu schützen, haben westliche wie nichtwestliche Staaten viele neue Gesetze erlassen – wie zum Beispiel die Vorlage des neuen BKA-Gesetzes in Deutschland. Arabische Staaten schlossen fragwürdige Auslieferungsabkommen, um Terrorverdächtige hin und her zu schieben. Russland und China nutzen den »Krieg gegen den Terror« auf ihre Weise und erklären die Tschetschenen oder die Uiguren zu potenziellen Terroristen.

Wir müssen davon ausgehen, dass al-Qaida weder besiegt noch durch militärische Aktionen in ihrer Handlungsfähigkeit oder Gefährlichkeit geschwächt worden ist. Unverändert gibt es keine eindeutige Bestimmbarkeit des Terrornetzwerkes, von dessen Anhängern oder der Kaderorganisation. Die Führung der Gruppe variiert ständig, ist unverändert aktiv und auf freiem Fuß. Sie hat es geschafft, den Irak in ein weltweites Modell für Terrorismus und Aufstand zu verwandeln, sie hat sich erfolgreich vom Irak nach Afghanistan und Westpakistan verlagert und an Kraft in Nordafrika hinzugewonnen, ebenso in Somalia und im Jemen.

Es ist al-Qaida gelungen, radikale junge Muslime zu inspirieren, nach wie vor ist der Einsatz von Selbstmordattentätern die effektivste Waffe.

Ist die Organisation also stärker als vor acht Jahren?

In jedem Fall, weil sie immer noch hoch motiviert und mithilfe des Internets ihre Doktrin und Botschaften verbreiten und Unterstützung einfordern kann. Es ist bisher nicht gelungen, eine Antwort auf die Frage zu finden, wie man diese hohe Motivation bekämpfen kann. Al-Qaida kann, entweder selbst oder mithilfe von Verbündeten, Anschläge wie den des 11. September 2001 durchaus wiederholen, sogar mit größerem Effekt oder Ausmaß.

Die gegenwärtige Strategie des »Globalen Krieges gegen den Terrorismus« basiert weitgehend auf operationeller Terrorabwehr, also: Fangen, Töten, Vereiteln von Anschlägen. Gruppen wie al-Qaida können sich von solchen Schlägen schnell erholen, ihre menschlichen und materiellen Verluste ausgleichen – und zurückschlagen. Durch verbesserte Geheimdienstarbeit und bessere operative Kapazitäten können Regierungen sowohl Unterstützerkreise als auch deren Infrastruktur angreifen – ob dadurch letztendlich das Problem gelöst wird, bleibt fraglich.

Fokus Europa

Aus den unterschiedlichen Entwicklungen lassen sich aktuell besonders drei Tendenzen feststellen: Al-Qaida wird in Pakistan stärker, hat aber nur vereinzelt Kontakte zu europäischen Gruppen. Europäische Jugendliche hingegen sind ohne terroristische Ausbildung nicht in der Lage, effektiv zu operieren. Aus diesem Grund waren die Anschläge der letzten Jahre deutlich weniger anspruchsvoll als die des 11. September 2001. Wenn allerdings eine global stärker werdende al-Qaida oder eine al-Qaida in Algerien häufiger Zugriff auf junge, gewaltbereite europäische Muslime gewinnt, die ihre Aktionen weitgehend eigenständig planen und organisieren, dann wird es in Europa wieder größere Attentate mit mehr Opfern geben.

Der im Verhältnis hohe Anteil europäischer Jugendlicher, die seit einigen Jahren zum Training nach Pakistan reisen, ist ein deutliches Warnzeichen. Ein nicht mehr kalkulierbares Gefährdungspotenzial entsteht dann, wenn sich die Entwicklungen miteinander verbinden.

Tendenzen im Überblick

1. Al-Qaida unter der Führung Osama bin Ladens und seines Stellvertreters Aiman al-Sawahiri bleibt gefährlich, sie ist neu gruppiert und organisiert. Seit 2004 ist die Gruppe in Pakistan wieder stärker geworden und hat ihr altes Bündnis mit den Taliban erneuert.
2. Der Einfluss auf terroristische Planungen auch außerhalb Südasiens hat zugenommen. Die Anschläge in Madrid und London im März 2004 bzw. Juli 2005, die Planungen für Attentate auf von London startende Transatlantikflüge vom August 2006 und auch die Vorbereitungen der »Sauerland-Zelle« im Jahr 2007 sind eindeutige Hinweise auf neue, weitere Aktivitäten.

3. Al-Qaidas größter Erfolg war der Anschluss örtlicher Organisationen im Irak (2004) und in Algerien (2007) an die »Mutterorganisation«. Zwar operieren die beiden Gruppierungen weitgehend eigenständig, dennoch helfen sie al-Qaida, den Eindruck zu erwecken, sie operiere global.
4. Al-Qaida im Irak und Al-Qaida im Islamischen Maghreb (AQIM) haben den Dschihadismus in seine Ursprungsländer in der arabischen Welt zurückgetragen. Nordafrika ist zurzeit das europäische Hauptkampfgebiet der Dschihadisten, insbesondere in Marokko drohen Anschläge.
5. In anderen afrikanischen Staaten wie unter anderem Somalia und Jemen sind gleichfalls starke Tendenzen zu erkennen. Auf dem europäischen Kontinent ist insbesondere in den Balkanländern wie auch unter anderem in den Grenzgebieten zu Russland, Bulgarien und Rumänien von sich weiter verstärkenden Aktivitäten auszugehen.
6. Parallel ist in Europa eine Entwicklung zum »Dschihad ohne Führung« zu beobachten. Die Bindungen terroristischer Zellen an al-Qaida und andere Organisationen sind weniger ausgeprägt als früher. Lokale Gruppen planen und organisieren heute eigenständiger, auch wenn es weiterhin Kontakte nach Südasien und in die arabische Welt gibt.
7. So wird der islamistische Terrorismus immer unberechenbarer. Diese Entwicklung wird inzwischen auch als »homegrown terrorism« bezeichnet. Gemeint ist die europäische Variante des Dschihadismus, die vor allem durch ihre ständig wachsende soziale Basis auffällt.

Hier finden sich neben den ursprünglich dominierenden arabischen Nationalitäten immer mehr pakistanisch-, türkisch- und kurdischstämmige Jugendliche, die sich terroristischen Gruppen anschließen. Es ist davon auszugehen, dass die Organisation al-Qaida seit 2008 oder vielleicht auch schon früher zu einer Art Bewegung geworden ist. Wer hinter der Sache al-Qaidas steht, der schlägt heute selbst zu, wenn er es kann und glaubt, dass es in die übergeordnete Strategie passt. Al-Qaida ist dadurch nur schwer zu bekämpfen, was die Gefahr, die von ihr ausgeht, überproportional erhöht.

AN DEN GRENZEN OSTEUROPAS

Beispiel Nordkaukasus

Die wachsende Instabilität im nördlichen Kaukasus ist längst keine innere Angelegenheit Russlands mehr. Der Terror, der in dieser Region seine Wurzeln hat, ist zwar nicht direkt mit dem internationalen islamistischen Terror vergleichbar, doch kann die wachsende Instabilität im Kaukasus durch den starken Zuwachs bei radikal-muslimischen Gruppierungen auch bald Folgen für die Sicherheit in Europa haben.

Bisher hat die Europäische Union kaum Bereitschaft gezeigt, sich näher mit dem Nordkaukasus zu befassen, auch weil die russische Führung jede Einmischung von außen noch strikt ablehnt. Die Fronten zwischen der Staatsmacht und ihren Gegnern in der Region sind allerdings derart verhärtet, dass jeder Ansatz zu einer politischen Lösung nicht erkennbar ist.

Die russischen Sicherheitskräfte in den Konfliktregionen wurden in den letzten Jahren erheblich verstärkt, in jüngster Zeit wurde eine ganze Reihe hochrangiger Führer des Untergrunds getötet. Nach den Selbstmordanschlägen in der Moskauer U-Bahn Ende März 2010 ist davon auszugehen, dass sich die radikal-islamischen Anhänger des dortigen Dschihad aufgrund regionaler Einschränkungen nun weichere Ziele außerhalb suchen und ihre Aktivitäten auf die großen östlichen Zentren ausweiten.

Islamisierung

Zu Beginn des 21. Jahrhunderts ist weltweit ein signifikanter Anstieg der Zahl islamistischer Terrorakte festzustellen. Auch die Nachfolgestaaten und Regionen der ehemaligen Sowjetunion blieben von dieser Entwicklung nicht verschont, trotz einer seit 70 Jahren andauernden Auseinandersetzung mit dem Islamismus generell. Terroristische Anschläge und Sabotageakte im Nordkaukasus, in Zentralrussland und in Zentralasien wurden und werden von Gruppen verübt, deren Motive und ideologische Hintergründe je nach den Besonderheiten der lokalen Entwicklungen ganz unterschiedlich sind. Dennoch gibt es ein Merkmal: Alle Gruppen rechtfertigen häufig ihre unterschiedlichen politischen Forderungen mit dem ideologischen Hintergrund der islamischen Religion.

Ausbreitung
Die Ausweitung des Islam auf den Kaukasus begann etwa im achten Jahrhundert. Damals eroberten arabische Truppen nicht nur ein großes Gebiet südlich des Gebirgskamms des Großen Kaukasus, sondern auch die antike Stadt Derbent in Dagestan, die als »Tor zum Kaukasus« und als »Schlüssel zum Kaspischen Meer« galt. Die Ausbreitung in das Innere des Nordkaukasus erfolgte allerdings nur sehr langsam – zum einen aufgrund des schwierigen Geländes, das einen engen Kontakt zwischen den verschiedenen Teilen der Region verhinderte, und zum anderen, weil es dort keine mächtigen Zentralstaaten gab, deren Herrscher in der Lage gewesen wären, den Islam zur allgemeinen Religion zu erklären.

Erfolgreicher war die Verbreitung im Tiefland und im Vorgebirge des Nordkaukasus, die vom Osmanischen Reich bzw. später von kabardinischen und dagestanischen Fürsten erobert worden waren oder sich zumindest unter deren Einfluss befanden.

Andere ethnische Gruppen in der Region wurden vom orthodoxen Christentum beeinflusst, das schon im fünften und sechsten Jahrhundert von georgischen und armenischen Missionaren eingeführt wurde. Bis heute wurde der nordkaukasische Islam – im Gegensatz zum Islam in Zentralasien – mit Ausnahme einiger religiöser Bruderschaften und Gesellschaften nie offiziell institutionalisiert. Seit dem 19. Jahrhundert ist die Islamisierung des Nordkaukasus abgeschlossen. Die große Mehrheit der Muslime sind Sunniten, im weiter östlichen Dagestan, Tschetschenien und Inguschetien ist der Sufismus weitverbreitet. Eine Ausnahme ist der überwiegende Teil der Nordosseten, der sich zum orthodoxen christlichen Glauben bekennt. Während der Kaukasuskriege im 18. und 19. Jahrhundert wurde der Islam zum Inbegriff des nationalen Befreiungskampfs vieler nordkaukasischer Völker gegen das zaristische Russland.

Der Islam im Untergrund

Mit der Eroberung und der Besetzung des Nordkaukasus im 19. Jahrhundert durch Russland stand von Beginn an der Islam in einem besonderen Spannungsverhältnis zur Kolonialmacht. Die russische Führung sah in der Religion eine potenziell einflussreiche Weltanschauung, die unter den gegebenen lokalen Bedingungen als einzige fähig wäre, die ethnisch und sprachlich unterschiedlichen Stämme des Nordkaukasus zu vereinen. Muslimische Geistliche und Gemeinden wurden daher besonders beobachtet. In den 20er- und 30er-Jahren des 20. Jahrhunderts kam es in der gesamten Sowjetunion zur massenhaften Unterdrückung muslimischer Geistlicher. Moscheen und religiöse Schulen wurden geschlossen, die Ausübung und Verbreitung des islamischen Glaubens verboten.

Der Islam entwickelte sich daraufhin zu einer Art »religiöser Volksbewegung« – einer Mischung aus heidnischen Kulten und muslimischer Theologie, die im Nordosten des Kaukasus zusätzlich stark von islamischen Mythen beeinflusst wurde. Durch diese Verbindung wurde die Religion zu einem unverzichtbaren Teil der regionalen ethnischen Identität. Das Verbot des Gebets in den Moscheen und des Studiums des Islam führte dazu, dass dieser im Untergrund weiter bestand und in geheimen Gruppierungen, Sufi-Bruderschaften, Gesellschaften und Dorfgemeinschaften überlebte. Diese Situation blieb bis in die 70er-Jahre und insbesondere auch noch in den 80er-Jahren des 20. Jahrhunderts weitestgehend unverändert, trotz allmählicher Liberalisierung der russischen Gesellschaft.

Die Rückkehr des Islam

In den späten 80er- und frühen 90er-Jahren des 20. Jahrhunderts erlebte der Nordkaukasus einen religiösen und nationalen Neubeginn. In Dagestan und Tschetschenien hatte eine streng islamische Erziehung ohnehin Tradition, und wegen der von vielen Menschen befürchteten russischen Invasion stieg die Anziehungskraft des Islam überproportional an. Dies traf auf den nordöstlichen Kaukasus weit stärker zu als auf die weitgehend »russisch gebliebenen« ethnischen Autonomien im nordwestlichen Kaukasus.

Anfang 1990 erlebte die Region viele Neugründungen islamischer Gesellschaften und Organisationen. Es wurden zahlreiche Vereine und Wohltätigkeitsorganisationen gegründet, alte Moscheen wiederaufgebaut und neue errichtet. Ebenfalls zu Beginn der 90er-Jahre begannen sich radikale und extremistische islamische Strömungen in der Region zu etablieren. Junge Leute aus der Region gingen in den Vorderen Orient, um dort eine islamische Ausbildung zu erhalten. Wenn sie nach einigen Jahren zurückkamen, standen sie unter dem starken Einfluss des »reinen Islam«, des »Wahhabismus«. Auch arabische humanitäre Organisationen kamen ins Land, begleitet von religiösen Predigern und neuen Imanen.

Die Behörden betrachteten die islamische Gesellschaft zu dieser Zeit eher nachsichtig und sahen sie als wünschenswerte Rückkehr zu den spirituellen Wurzeln der Region. Das Fehlen einer entsprechenden staatlichen Strategie sowohl regional als auch in Moskau machte den Islam zu Beginn der 90er-Jahre zu einer starken gesellschaftlichen Kraft. In der zweiten Hälfte des Jahrzehnts begann der »tschetschenische Faktor« eine wichtige Rolle zu spielen.

Der Weg in den islamischen Extremismus

Der faktische Sieg der Tschetschenen im ersten russisch-tschetschenischen Krieg von 1994 bis 1996 und die sich daran anschließende kurze Zeit des Friedens von 1996 bis 1999 gaben dem radikal-islamischen Flügel enormen Auftrieb. In dem vom Krieg zerstörten Land, in dem die Arbeitslosigkeit bei fast 100 Prozent lag, entwickelte sich der einst schlagkräftige tschetschenische Nationalismus praktisch über Nacht wieder zurück in die traditionelle tschetschenische Welt der Feindschaft zwischen den einzelnen Clans. Besonders junge Männer wurden dadurch offen für die Lehren des radikalen Islam mit seinem Ruf nach sozialer Gleichheit, einer spirituellen Reinigung jedes Einzelnen und der Gesellschaft insgesamt. Die Mitgliedschaft in der von arabischen freiwilligen Kämpfern oder »erleuchteten« Tschetschenen errichteten Gemeinschaft versprach ihnen Sicherheit und Schutz vor gewalttätigen und massiven Auseinandersetzungen zwischen verfeindeten Großfamilien.

Klassische politische Strukturen wurden schon früh von vielen als »ungläubig« und damit als illegitim betrachtet. Bald kam es in Tschetschenien zu Zusammenstößen zwischen den zahlreicheren Anhängern des traditionellen Sufismus mit den weniger zahlreichen, dafür aber besser organisierten und bewaffneten Dschihadisten, die von Sympathisanten im Ausland unterstützt wurden.

Ähnliche Vorgänge spielten sich bald darauf auch im benachbarten Dagestan ab. Die anfängliche Gleichgültigkeit der dortigen Regierung gegenüber den zahlreichen Auseinandersetzungen zwischen Sufisten und Dschihadisten führte schließlich zu einer Pauschalverfolgung von allen Muslimen im Land. Zwischen 1997 und 1999 flohen daher viele dagestanische Salafisten nach Tschetschenien, um sich dort gleichgesinnten Gruppen anzuschließen.

Das Regime unter Präsident Maschadow versuchte trotz massiven Drucks aus der Bevölkerung vergeblich, sich eine islamische Struktur zu geben. Auch den Islam als Ideologie zur Wiedervereinigung der gespaltenen tschetschenischen Gesellschaft zu benutzen blieb erfolglos. 1998 begannen bewaffnete Auseinandersetzungen zwischen Maschadow-treuen Einheiten und Dschihadisten. In dieser Situation, in der der sonst eher zurückhaltende tschetschenische Präsident seine Landsleute aufrief, die »Wahhabiten« aus ihren Dörfern zu vertreiben, sprach alles dafür, dass das Land geradewegs auf einen erbitterten Bürgerkrieg zusteuerte.

Im August 1999 beschlossen die Dschihadisten, gemeinsam mit einigen sympathisierenden Militärs in den Westen Dagestans einzumarschieren. Die Aktion sollte der Auftakt zu einer großen dagestanischen und schließlich gesamtnordkaukasischen Revolte zur Befreiung von der »russischen Unterdrückung« sein. Der Angriff scheiterte jedoch schon nach relativ kurzer Zeit infolge des unerwarteten Widerstands der großen Mehrheit der Dagestaner, die an der Seite der föderalen Truppen gegen die Eindringlinge kämpften, die sie als religiöse Fanatiker und Besatzer und nicht als Befreier ansahen. Statt einer nordkaukasischen Revolte entstand durch den Einmarsch ein neuer Krieg, der noch immer nicht beendet ist.

Radikalisierung und Regionalisierung

Mit dem Einmarsch in Dagestan, dem Beginn des zweiten russisch-tschetschenischen Krieges, den Anschlägen auf Washington und New York am 11. September 2001 und nicht zuletzt mit den blutigen Terroranschlägen in anderen Teilen Russlands begann ein neues Kapitel der Geschichte des Islam im Nordkaukasus.

Die muslimische Religion wurde nun von vielen Menschen mit Terrorismus gleichgesetzt und als Bedrohung für die Sicherheit Russlands und seine territoriale Integrität betrachtet. Dementsprechend änderten die russischen Behörden ihre Haltung gegenüber Muslimen radikal. Jeder, der den Islam »zu eifrig« praktiziert, gilt automatisch als verdächtig.

Lokale Regierungen in den nordkaukasischen Republiken nutzen die sich ihnen aufgrund der gegenwärtigen Sicherheitstrends bietende Gelegenheit und verwenden den Begriff »Wahhabiten« zur Diskreditierung ihrer politischen Gegner, unabhängig davon, ob diese tatsächlich dazugehören oder nicht.

Terroranschläge

Die meisten Terroranschläge sind von Gruppierungen verübt worden, die ein klares politisches Ziel haben: Rückzug der russischen Truppen aus Tschetschenien, die Aufnahme von Friedensverhandlungen mit den Separatisten, Autonomie für die Länder im Nordkaukasus. Die russische Führung in Moskau lehnt diese Forderungen strikt ab.

Übersicht Anschläge Oktober 2002 bis März 2010:

- *23. OKTOBER 2002: 41 Tschetschenen überfallen das Moskauer Musicaltheater »Nord-Ost« und nehmen mehr als 800 Geiseln. Nach drei Tagen stürmt die Polizei das Gebäude. 129 Geiseln sowie alle Terroristen sterben.*
- *27. DEZEMBER 2002: Ein Selbstmordattentäter bringt einen Lastwagen voller Sprengstoff am Gebäude der moskautreuen Regierung in Grosny zur Explosion. 60 Tote.*
- *24. AUGUST 2004: Sprengsätze bringen nahezu zeitgleich zwei russische Verkehrsflugzeuge im Westen Russlands zum Absturz. 90 Tote.*
- *FEBRUAR 2004: Eine Bombe in der Moskauer U-Bahn tötet etwa 40 Fahrgäste. Die Polizei spricht von einem Selbstmordattentäter tschetschenischer Herkunft.*
- *SEPTEMBER 2004: 32 Bewaffnete überfallen eine Schule in Beslan (Nord-Ossetien) und nehmen mehr als 1.100 Kinder, Eltern und Lehrer 52 Stunden lang als Geiseln. Sicherheitskräfte stürmen schließlich die Schule. 331 Opfer und 31 Terroristen sterben.*

- *12. JUNI 2005: In der Nähe von Moskau detoniert auf einem Gleisbett ein ferngezündeter Sprengsatz. Mehrere Waggons eines aus Tschetschenien kommenden Eisenbahnzuges entgleisen. 42 Menschen werden verletzt.*
- *19. JULI 2005: Bei einem Bombenanschlag auf Milizionäre in Snamenskoje nordwestlich der tschetschenischen Hauptstadt Grosny kommen mindestens 14 Menschen ums Leben, 34 werden verletzt.*
- *13. OKTOBER 2005: Islamistische Rebellen überfallen die südrussische Stadt Naltschik. In nachfolgenden Gefechten sterben mindestens 137 Menschen, darunter 92 Rebellen, 33 Sicherheitsleute und zwölf Zivilisten.*
- *21. AUGUST 2006: Auf einem Moskauer Markt explodiert eine mit Metallsplittern präparierte Bombe. Zehn Tote, mehr als 50 Verletzte.*
- *17. AUGUST 2009: Ein Selbstmordattentäter sprengt sich in der Stadt Nasran in der russischen Teilrepublik Inguschetien mit 200 Kilogramm Sprengstoff in seinem Kleintransporter in die Luft. Mindestens 25 Menschen sterben, mehr als 200 werden verletzt.*
- *27. NOVEMBER 2009: Bei einem Anschlag auf den Schnellzug Moskau–St. Petersburg sterben 28 Menschen. Etwa 100 weitere werden verletzt. Tage später bekennen sich islamistische Extremisten zu der Tat und kündigen einen »Sabotagekrieg« gegen die »blutige Besatzungspolitik« Moskaus im Kaukasus an.*
- *29. MÄRZ 2010: Zwei Selbstmordattentäterinnen sprengen sich im frühen Berufsverkehr kurz hintereinander in der Moskauer U-Bahn bei den Stationen Park Kultury und Lubjanka in die Luft. Sie trugen mit Metallkugeln gefüllte Sprengstoffgürtel, um die Wucht der Detonationen noch zu verstärken. 39 Menschen kommen dabei ums Leben, über 100 werden zum Teil schwer verletzt. Nach Einschätzung des auf die Beobachtung islamistischer Webseiten spezialisierten US-Unternehmens IntelCenter deutet vieles darauf hin, dass die Gruppierung Kaukasus-Emirat des tschetschenischen Rebellenchefs Doku Umarow hinter dem Doppelanschlag steckt. Umarow will im Nordkaukasus einen islamischen Staat errichten.*

Es gibt eine ganze Reihe lokaler Besonderheiten in dieser Entwicklung, die eine größere Aufmerksamkeit erfordern.

In den letzten Jahren hat in Tschetschenien ein wichtiger Generationenwechsel stattgefunden. An die Stelle ehemaliger Offiziere der Sowjetarmee, die bis vor Kurzem den Kern der tschetschenischen Armee bildeten, tritt zunehmend die sogenannte »Kalaschnikow-Generation«, junge Männer, aufgewachsen im Krieg und geprägt von dschihadistischer Ideologie.

Diese neue Generation wird von der russischen Führung als ethnische oder auch religiöse Gruppe angesehen, deren Bekämpfung jede Aktion erlauben würde, egal wie grausam sie sei. Das brutale Vorgehen durch das Militär und pro-russische tschetschenische Milizen ohne Unterschied zwischen Separatisten, ihren Angehörigen und Unbeteiligte durch ethnische Säuberungen, Entführungen und Verfolgung hat allerdings das Ziel der Abschreckung verfehlt. Stattdessen wird die neue Generation nur in ihrer ideologischen Überzeugung bestärkt.

In Inguschetien begann sich die Lage zu verschlechtern, als Präsident General Ruslan Auschew, der sein Land erfolgreich davor bewahrt hatte, von tschetschenischen Separatisten oder von russischen Generälen in den Konflikt hineingezogen zu werden, 2002 zurücktreten musste. Er wurde durch einen Moskau-loyalen neuen Präsidenten ersetzt, der schon bald einer Stationierung russischer Truppen in der kleinen Republik westlich von Tschetschenien zustimmte. Russische und inguschetische Soldaten, Polizei und Geheimdienste gingen zu denselben brutalen Methoden über, wie sie im benachbarten Tschetschenien angewendet wurden. Jugendliche Inguschen reagierten darauf mit extremer Radikalisierung und begannen mit dem tschetschenischen Widerstand zu sympathisieren.

Bis vor Kurzem hatte es den Anschein, dass die Probleme im nordöstlichen Kaukasus keinen besonders großen Einfluss auf die Entwicklungen in den ethnischen Republiken im Nordwesten der Region nehmen. Aber auch hier veranlassten die Terroranschläge die Strafvollzugsorgane, »präventive Pazifizierungsmaßnahmen« in den islamischen Gemeinden durchzuführen. Die Häufigkeit von Repressionen gegen praktizierende Muslime hat zugenommen. Diejenigen, die sich streng an die Lehre des Islam halten, haben zum Teil ihre Arbeit verloren, die meisten Moscheen wurden geschlossen. Die Muslime in diesem Teil der Region reagierten auf die Unterdrückung ebenfalls mit einer zunehmenden Radikalisierung. Komplexe gesellschaftliche Probleme wie Armut und Arbeitslosigkeit und die unter den lokalen Eliten verbreitete Korruption begünstigten diese gegenläufige Entwicklung ebenso wie auch die generelle Unzufriedenheit mit der russischen Besatzung.

Zentralasien

Die im Zuge der Entwicklung der zentralasiatischen Länder nach der Auflösung der Sowjetunion aufgetretenen Prozesse und Probleme sind in vieler Hinsicht mit denjenigen in den muslimischen Ländern des Vorderen Orients vergleichbar. Auch sie haben mit einem hohen Bevölkerungswachstum und Armut zu kämpfen, hinzu kommt die Erneuerung traditionaler sozialer Institutionen sowohl im Alltag als auch in den staatlichen Ideologien. Die Region hat sich zudem dem Einfluss des Vorderen Orients geöffnet. Herausragendes Merkmal dafür ist die Ausbreitung eines Islam, der besonders auf einer radikalen Weltanschauung beruht. Noch bevorzugt die Mehrheit der Bevölkerung allerdings eine eher moderate Form des Islam.

Aussichten

Im Nordkaukasus und in Zentralasien stellen mit komplexen Sicherheitsbedrohungen konfrontierte Regierungen ihre Anti-Terror-Rhetorik ungeachtet der zum Teil besonderen lokalen Bedingungen a priori in den Kontext des sogenannten »Globalen Krieges gegen den Terror«. Ein Beispiel hierfür ist die öffentliche Darstellung des Konflikts mit den tschetschenischen Separatisten als sogenannten Kampf gegen einen von außen importierten islamischen Terrorismus. Eine Differenzierung zwischen politischem Islam und islamischem Fundamentalismus einerseits und militantem Islamismus oder Terrorismus andererseits findet aus politischen Interessen weitestgehend nicht statt. Diese Haltung ist einer der Hauptgründe für die derzeitige Ausbreitung des radikalen Islamismus.

Die aktuelle Entwicklung im Nordkaukasus wird von immer mächtiger werdenden Gruppen beeinflusst, die sich zu einem militanten Islam bekennen und sich mit zunehmender Brutalität terroristischer Methoden als Teil ihres bewaffneten Kampfes bedienen. Ebenfalls zu beobachten ist eine Zunahme von ausländischen Imanen und religiösen Lehrern in lokalen Moscheen und Koranschulen. Schon seit längerer Zeit befinden sich dem Dschihad nahestehende arabische humanitäre Organisationen in der Region. Der Anschluss an das international operierende radikal-muslimische Netzwerk nach dem Muster von al-Qaida hat dementsprechend stattgefunden. Mittelfristig ist zu befürchten, dass eine radikale Islamisierung des Nordkaukasus nach dem Vorbild der »Pakistanischen Methode« versucht wird, wie sie Anfang 2000 erfolgreich in den Balkanländern umgesetzt wurde. Wie seinerzeit dort ist die Ausgangslage im Nordkaukasus mit der damaligen auf dem Balkan durchaus vergleichbar: unbefriedigte wirtschaftliche und soziale Bedürfnisse, Korruption, Bandenkriege, organisierte Kriminalität – und eine zunehmende Enttäuschung über die herrschenden politischen Strukturen.

Zusammenfassung
Klar festzustellen ist, dass der politische Islam und der islamische Terrorismus im Nordkaukasus und in Zentralasien nicht mehr nur eine hypothetische Bedrohung sind. Kurz- und mittelfristig bieten beide Regionen eine potenzielle Grundlage für ein rasches Anwachsen radikal-islamistischer Bewegungen, die in der Lage sein werden, die Länder auch zu destabilisieren. Das Anschlagsrisiko für die wirtschaftlichen und politischen Zentren Osteuropas würde erheblich zunehmen, demzufolge würde sich auch für die Länder der Europäischen Union eine neue Bedrohungslage ergeben.

Islamisierung auf dem Balkan

Fokus Kosovo
Die Globalisierung hat den Islam zu einer weltumspannenden Religion gemacht. Rund 50 Millionen Muslime leben in Europa, davon zwischen 20 und 23 Millionen in Westeuropa. Bosnien-Herzegowina und Albanien gehören zu den wenigen Staaten Europas mit muslimischen Mehrheiten, ebenso wie Teile des Kosovo und einige Provinzen Bulgariens und Mazedoniens. In vielen europäischen Ländern sind

die Muslime nach den Christen die zweitgrößte religiöse Gruppe. Das stellt sowohl die Muslime als auch die Länder, in denen sie leben, vor neue Herausforderungen.

Aktuelle Situation

Seit Beginn der Stationierung der Friedenstruppen UNMIK und KFOR auf dem Balkan sind im Verlauf der letzten zehn Jahre zwei massive Entwicklungen zu beobachten:

Einerseits haben sich normale Strukturen wie Justiz, politische Parteien oder Medien neu etabliert und diskutieren heute öffentlich Themen wie Kriminalität, Korruption, Sicherheit und Terrorismus – andererseits haben sich auch muslimische Religionsangehörige in den Balkanregionen neu strukturiert. Besonders deutlich zeigt sich diese Entwicklung durch die Errichtung einer enormen Anzahl neuer Moscheen sowohl im Kosovo als auch in Bosnien, Mazedonien und Albanien. Die Baukosten wurden finanziert durch Investitionen in Millionenhöhe aus arabischen Ländern und Angehörigen der Wahhabiten Saudi-Arabiens. In Regionen mit einem hohen muslimischen Bevölkerungsanteil findet eine zunehmende Radikalisierung besonders in ländlichen Strukturen statt. In einigen Dörfern wird bereits die Ausrichtung auf die Scharia praktiziert.

Die radikal-islamistische Präsenz auf dem Balkan reicht zurück in die Zeit des Bosnien-Krieges und belegt die damalige internationale Ausrichtung des Netzwerkes al-Qaida Anfang der 90er-Jahre. Osama bin Laden entsandte seine Anhänger als Nothelfer in die Region, um als »Gotteskrieger« an der Seite Bosniens gegen Serbien zu kämpfen. Eine Kommission der amtierenden bosnischen Regierung geht heute davon aus, dass viele dieser ausländischen »Glaubensbrüder« im Land blieben, genaue Zahlen liegen nicht vor. Festgestellt wurde aber, dass vom Beginn des Krieges 1992 bis 1998 insgesamt einige hundert Araber offiziell einen bosnischen Pass und eine neue Identität bekamen. Ebenfalls belegt ist, dass einige hundert Bosnier zwischen 1992 und 1998 in afghanischen Trainingslagern militärisch und religiös geschult wurden, um sich anschließend in muslimischen Zentren auf dem Balkan zu integrieren und im Sinne des Islam zu missionieren. Der genaue Verbleib der Größe dieser Personengruppe ist bis heute ebenfalls im Detail ungeklärt.

Besonders im Kosovo hat sich eine starke Basis für den islamischen Dschihad herausgebildet. Diese setzt sich zusammen aus lokalen Anhängern und Zugängen aus den arabischen Golfregionen. Letztere gelangen über die relativ schwachen Grenzkontrollen in die Region und somit in die angrenzenden Länder der EU.

Auch wenn bisher offiziell nur von einer gewaltbereiten Minderheit gesprochen wird, muss tendenziell davon ausgegangen werden, dass der Kosovo zu einer Rekrutierungsbasis für europäisch orientierte islamische Extremisten geworden ist. Diese Entwicklung wird begünstigt durch den Umstand, dass besonders viele junge Muslime in ländlichen Regionen mit einer schlechten Infrastruktur noch immer in großer Armut und relativ perspektivenlos aufwachsen. Große muslimische Familien und Jugendliche stellen die Hälfte der Bevölkerung im Land. Gruppen wie al-Qaida sind daher an dieser Region besonders interessiert, da sie dauerhafte Rekrutierungsmöglichkeiten von jungen Mudschaheddin bietet.

Die Pakistanische Methode

Der Begriff der »Pakistanischen Methode« umschreibt Indoktrination, Training und Ausbildung von radikalen Muslimen in Moscheen und Koranschulen für den Heiligen Krieg. Die Methode wurde aus Pakistan übernommen und wird derzeit unter anderem in Albanien, Mazedonien, Montenegro, Serbien und im Kosovo umgesetzt. Neben religiösen Lehrern sind weitere Ausbilder sowohl ehemalige iranische oder irakische Militärs als auch Mitglieder von al-Qaida oder Taliban, die über Kampferfahrung gegen US-Truppen in Afghanistan verfügen. Besonders umworben werden junge Männer zwischen 15 und 16 Jahren, die sich später in die religiösen Madras einschreiben, in denen der Kampf bereits Teil des Lehrplanes ist.

Besonders herausragende Teilnehmer werden nach Vollendung des 17. Lebensjahres weiter rekrutiert. Sie erhalten strenge, intensive religiöse Unterweisungen sowie eine militärische Ausbildung und lernen den Umgang mit Waffen und Sprengstoff. Nach zwei Monaten bekommen die jungen Rekruten ein regelmäßiges Handgeld, nach drei weiteren Monaten werden ihnen eine Waffe und eine Uniform ausgehändigt.

Die Grundausbildung ist damit abgeschlossen, Uniform und Waffe werden zu Hause verborgen bis zu dem Tag, an dem sie für den Heiligen Krieg mobilisiert werden. So entstand im Verlauf der letzten Jahre auf dem ganzen Balkan ein bis heute aktives und überwiegend unbekanntes Netzwerk aus kleinsten terroristisch motivierten Zellen. Die Annahme einer Zahl von bis zu 1.500 Personen in diesem Netzwerk gilt nach heutigen Erfahrungswerten als durchaus realistisch.

Arabische humanitäre Organisationen

Eine wesentliche Rolle bei der Einführung und Umsetzung der »Pakistanischen Methode« auf dem Balkan übernahmen zunächst dem Dschihad nahestehende humanitäre Organisationen aus arabischen Ländern. Teilweise unterwandert von religiösen Eiferern und gewaltbereiten Extremisten aus verschiedenen islamistischen Terrorgruppen begannen sie mit nahezu unbegrenzten Finanzmitteln der muslimischen Bevölkerung auf dem Balkan humanitäre Hilfe anzubieten. Parallel dazu wurden unter Nutzung der offiziellen humanitären Infrastruktur Muslime in intensiven Schulungen nach arabischem Vorbild neu beeinflusst und unterwiesen. Länder wie der Iran, Syrien oder Saudi-Arabien und auch Gruppen wie al-Qaida oder Hisbollah spenden diesen Organisationen erhebliche Summen und investieren so Millionen in den Aufbau streng religiöser Zentren.

Die Vorgehensweise ist in der Regel immer gleich – humanitäre Hilfe wird nur dann gewährt, wenn sie durch Zustimmung der einheimischen Bevölkerung vor Ort mit dem Bau von weiteren Moscheen bzw. neuen Koranschulen verbunden werden kann. Religiöse Führer und erforderliches Personal werden meist zur Verfügung gestellt und alte Mullahs und Imame schrittweise ersetzt. Der neue Imam erhält in der Regel seine Anweisungen aus übergeordneten Strukturen, die neuen Prediger arbeiten zum Teil auch als militärische Ausbilder.

Mit dieser Strategie sind vergleichbare arabische Organisationen bis heute weltweit tätig. So ist auch im Kosovo unauffällig ein starkes operatives islamisches Netzwerk entstanden, das über weitreichende Kapazitäten verfügt.

Praxis

Die Ausrichtung sämtlicher Aktivitäten folgt der Überzeugung, alle Muslime auf einen radikalen, der Scharia folgenden Weg des streng religiösen Glaubens bringen zu müssen. Die Vorgehensweisen hierzu sind vielfältig und reichen vom Bau neuer Moscheen und Krankenhäuser über die Unterstützung von Waisen und Hinterbliebenen bis zur Vergabe von Stipendien an besonders eifrige und interessierte Jugendliche. Kleineren Gemeinden wurden finanzielle Zuwendungen gewährt für das Einverständnis, aus allen Gläubigen gute Muslime zu machen. Gleichzeitig wurden enge Kontakte zu ihren Unterstützern aus extremistischen und terroristischen Netzwerken im Nahen und Mittleren Osten und in Südostasien gepflegt.

Derartige strategische und logistische Vorhaben durch externe Strukturen wurden im Vorfeld exakt und genau geplant. Die Impulse hierzu kamen aus dem Mittleren Osten und Zentralasien, die Koordination erfolgte durch Netzwerke im Kosovo und in Mazedonien. Die Verantwortlichen bestanden aus einem kleinen Kreis von einheimischen Personen, die hierzu an der Islamischen Universität in Kairo ausgebildet wurden. Diese wiederum war bekannt für ihren hohen Anteil an muslimischen Studenten mit extremistischen Ansichten.

Die direkten Aktivitäten arabischer Islamisten auf dem Balkan begannen hauptsächlich im Kosovo in den Orten Pec und Prižren mit der Infiltration von Besuchern der örtlichen islamischen Schulen. Hauptgrund war der Umstand, dass diese beiden Orte über die höchste Einwohnerrate an Studenten verfügten, die ihr Studium im Mittleren Osten abschlossen. Besonders in Pec gab es extrem radikale muslimische Zellen, die sich in ihrer Interpretation des Islam sehr von fanatischen islamistischen Gruppen im arabischen Raum beeinflussen ließen. Ziel war die Implementierung eines neuen Islam auf dem Balkan mit der Begründung, dass die einheimischen Muslime einen unsauberen und ungenauen Islam praktizierten. Dies führte zunächst in ein erhebliches Spannungsfeld zwischen einzelnen Gemeinden, die einander gegenseitig ihren bisherigen politischen und religiösen Umgang infrage stellten.

Die neuen Netzwerke änderten daraufhin ihre Strategie und lehrten nun, dass alle nationalistischen Theorien falsch seien und zukünftig nur noch die religiösen Lehren gelten sollen. Mit diesem Konsens gelang es ihnen, schrittweise die Kontrolle über fast alle älteren Moscheen zu übernehmen. Gleichzeitig errichteten sie neue Gotteshäuser, in denen die religiösen Eiferer ungehindert ihre Ansichten zum radikalen Islam verbreiten konnten.

Nach der Platzierung von leistungsfähigen und kontinuierlich arbeitenden islamischen Zentren auf dem Balkan änderten die arabischen Organisationen ihre Taktik. Sie zogen sich offiziell als aktive ausländische Initiatoren für eine radikale Islamisierung auf dem Balkan etwas zurück und begannen stattdessen, verstärkt in lokale Gruppierungen besonders im Kosovo und in Albanien zu investieren.

Mit der Unterstützung von selbstständigen, regionalen humanitären Strukturen und auf dem ganzen Balkan aktiven gemeinnützigen Vereinen wurde die juristische Abhängigkeit von ausländischen arabischen Gruppen offiziell unterbrochen.

Strukturen und Vereine teilten sich weiter auf, es entstand ein in sich geschlossenes, weitestgehend unbekanntes flächendeckendes Netzwerk.

Die Realität ist unverändert gleich – islamische Extremisten können ungehindert neue Mitglieder rekrutieren, es gibt zahllose kostenlose Angebote wie Lerneinheiten für europäische Sprachen oder EDV-Kurse, Stipendien für weiterführende Schulen im In- und Ausland. Allerdings sind auch die Voraussetzungen für eine Inanspruchnahme der Angebote gleich geblieben – regelmäßige Besuche der Moscheen, Teilnahme an Seminaren über den fundamentalistischen Islam, das Akzeptieren der Notwendigkeit, dass sich alle Muslime auf der Welt vereinigen müssen.

So gelangen europäische Stipendiaten aus den muslimischen Teilen des Balkans zum Studium und zur Ausbildung in unterschiedliche arabische Länder, heute insbesondere in den Jemen. Als Träger agieren nationale dem Islam nahestehende Organisationen auf dem Balkan, sowohl offiziell registrierte als auch inoffizielle.

Zu den prominentesten Organisationen im Kosovo gehören:

- The Saudi Committee for United Aid to Kosovo (Saudisches Komitee vereinte Hilfe Kosovo)
- The Islamic Humanitarian Foundation »El Haramein« (Islamische humanitäre Stiftung)
- The Global Council of Muslim Youth (Internationale Vereinigung junger Muslime)

- The Islamic International Fund for Aid (Internationaler islamischer Hilfsfonds)
- The Society for the Revival of Islamic heritage (Gesellschaft zur Erneuerung des islamischen Erbes)

Stellvertretend zu nennen ist das »Saudi Committee for United Aid« mit Hauptsitz in Riad und Niederlassungen in vielen Ländern. Allein im Kosovo unterhält die Organisation drei Vertretungen, in Pristina, in Mitrovica und in Vucitrn. Offiziellen Statements zufolge setzt sich die Organisation im Kosovo ein für Bildung, Förderung der Wirtschaft und medizinische Betreuung der Bevölkerung.

Kritische Stimmen halten diese Organisation für eine Art Dachverband, unter dem die Aktivitäten vieler islamischer Hilfsorganisationen weltweit koordiniert werden – auch jener, die mit humanitären Ansätzen nichts zu tun haben. Inoffiziell wird angenommen, dass radikale islamistische Überzeugungen gefördert und extremistische Gruppen finanziert werden.

Das »Saudi Committee for United Aid« soll über einen jährlichen Spendenetat im mindestens dreistelligen Millionenbereich verfügen. Nachgewiesen sind finanzielle Zuwendungen an besonders radikale islamische Gruppierungen im Kosovo, wie z. B. die »Prizren-Jugend«, die »Islamische Studentenfront« oder die »Albanische Jugend Kosovo«. Auch Angehörige der »Albanischen Nationalen Armee« sollen finanzielle Zuwendungen erhalten haben.

Einige Mitglieder dieser Gruppen wurden von der KFOR aufgrund ihrer Nähe zum Netzwerk al-Qaida festgenommen. Die Intensität dieser Verbindungen und deren Bedeutung wird deutlich durch den Bericht einer in Pec stationierten spanischen KFOR-Spezialeinheit aus dem Jahr 2001, in dem ein Jordanier mit Namen Abu Musab al-Zarqawi als Mitarbeiter einer lokal tätigen arabischen Organisation registriert wurde.

Mit Beginn der US-Invasion im Irak verließ Abu Musab al-Zarqawi Mitte 2003 den Kosovo mit Ziel Irak und übernahm dort als Führer das lokale Netzwerk al-Qaida.

Fazit
Die Balkan-Region bietet ein düsteres Bild – eine Ansammlung schwacher Staaten und internationaler Protektorate, diszipliniert von Truppen-Kontingenten, die fast die Hälfte der verfügbaren militärischen Kräfte Europas ausmachen. Das Wirtschaftswachstum ist in dieser Region zum Teil gering oder noch immer gleich null. Die Arbeitslosigkeit ist dagegen hoch, die Korruption allgegenwärtig. Die Bevölkerung ist pessimistisch und misstraut den im Entstehen begriffenen demokratischen Institutionen. Die Kriminalisierung der Politik in den Staaten und Regionen des Balkans geht Hand in Hand mit der Internationalisierung krimineller Netzwerke.

Pro Einwohner gerechnet, hat die internationale Gemeinschaft 25-mal so viel Geld und 50-mal so viele Truppen im Kosovo investiert wie in Afghanistan. Die Zukunft des Kosovo ist ebenso ungewiss wie die Mazedoniens, Bosniens und Serbiens. Vor diesem Hintergrund verfolgen zumindest einige der arabischen humanitären Organisationen eine klare Absicht – neben klassischen Hilfsprojekten die Anwerbung und Ausbildung von neuen islamistischen Aktivisten für den Dschihad. Hierzu bieten sie wirtschaftliche, pädagogische und medizinische Hilfe vor allem für die junge muslimische Bevölkerung im Austausch gegen eine strenge religiöse Erziehung.

Zielgruppen sind hauptsächlich Jugendliche und verwaiste Kinder, vor allem aus wirtschaftlich benachteiligten Gebieten. Sie erhalten Zugang zu den örtlichen islamischen Netzwerken, die für die Verbreitung von religiösem Fundamentalismus und die Ausbildung neuer Rekruten verantwortlich sind. Vorrangiges Ziel ist die Unterstützung des Dschihad gegen alle Nicht-Muslime auf der ganzen Welt.

SICHERHEITS- UND NACHRICHTENDIENSTE NACH 2001

Deutschland, USA und Großbritannien

Terrorismusbekämpfung geht weit über die normale Polizeiarbeit hinaus und ist spätestens seit dem 11. September 2001 ein Kernbereich nachrichtendienstlicher Arbeit geworden. Bewertungskriterien müssen heute weniger die Summe festgenommener Terroristen sein, sondern in erster Linie die Zahl der verhinderten Terroranschläge.

Die Bedeutung von Bundesnachrichtendienst (BND), Bundesamt für Verfassungsschutz (BfV) und Militärischem Abschirmdienst (MAD) in der Gewährleistung der nationalen Sicherheit wurde nach den Anschlägen in den Vereinigten Staaten neu definiert. Die Abwehr von Terrorismus übernahm die Spitze der nachrichtendienstlichen Agenden.

Die rechtlichen Grenzen für die Informationsbeschaffung wurden erheblich ausgeweitet. Besonders hervorzuheben ist, dass jetzt auch Vereine und Gruppen, deren Grundsätze sich gegen Völkerverständigung und ein friedliches Zusammenleben aller Völker richteten, in den Fokus der Überwachung rückten.

Mit der Einführung des Gesetzes zur Terrorismusbekämpfung am 9. Januar 2002 entstand eine Reihe neuer Möglichkeiten zur Beschaffung von Informationen. Postbehörden-, Finanz- und Telekommunikationsunternehmen sowie Fluggesellschaften wurden verpflichtet, Daten über Kunden auf Antrag von BfV, MAD oder BND herauszugeben.

Im Bereich Informationsauswertung wurden neue Stellen für Islamexperten geschaffen, die allerdings zum Teil bis heute nur schwer zu besetzen sind. Um die Qualität nachrichtendienstlicher Arbeit in Deutschland in diesem Bereich langfristig zu sichern, sollten mehr entsprechende Fortbildungskapazitäten aufgebaut werden. Nachfolgend soll neben den Reaktionen der deutschen Nachrichtendienste ein Überblick über diejenigen Konsequenzen gegeben werden, die bei den Diensten der USA und Großbritanniens sowie bei Europol aus den Anschlägen vom 11. September 2001 gezogen wurden.

Grundsätzlich lassen sich Veränderungen bei Aufgabenstellung, Beschaffung und Auswertung feststellen. Besonders interessant sind dabei die USA. Dort fand eine wesentlich intensivere und im Vergleich zu Deutschland sehr viel öffentlichere Diskussion über die amerikanische »Intelligence Community« statt.

Nach einer ausführlichen Analyse der Probleme und Versäumnisse von CIA und FBI bei der Terrorbekämpfung wurden Restrukturierungsmaßnahmen eingeleitet, vor allem die Kooperation von FBI und CIA sollte verbessert werden.

Außerdem wurden einschneidende infrastrukturelle Veränderungen beschlossen: Im neuen »Department of Homeland Security« sollte eine ganze Reihe von für die Terrorabwehr relevanten Zuständigkeiten wie Grenzsicherheit, Infrastrukturschutz oder Krisenmanagement gebündelt werden. Die nachrichtendienstlichen Kompetenzen zur Beschaffung von Informationen und zu deren Auswertung sind jedoch sehr limitiert.

Am Schluss betrachten wir die internationale Kooperationsfähigkeit von Geheim- und Nachrichtendiensten. Da der Austausch von Daten und Informationen über international agierende Terrornetzwerke entscheidend im Kampf gegen den Terrorismus ist, kommt diesem Bereich besondere Bedeutung zu.

Deutsche Nachrichtendienste

Der nachrichtendienstliche Beitrag zur Abwehr von terroristischen Gefahren innerhalb Deutschlands wird in erster Linie von Verfassungsschutz und MAD geleistet. Hier werden unter anderem Informationen über »sicherheitsgefährdende und extremistische Bestrebungen von Ausländern« in Deutschland zusammengetragen und ausgewertet. Der deutsche Auslandsnachrichtendienst BND soll Informationen über die internationalen Kommando- und Kommunikationsstrukturen terroristischer Netzwerke und deren Akteure sammeln, um Empfehlungen für die nationalen Behörden oder Streitkräfte geben zu können. BND, BfV und MAD tauschen untereinander Informationen aus, die für den jeweiligen Dienst handlungsrelevant sein können.

Als Reaktion auf die Anschläge des 11. September 2001 wurde in Deutschland eine Reihe von Veränderungen der Kompetenzen zur Beschaffung von Informationen durch Nachrichtendienste und Sicherheitsbehörden eingeführt. In der Öffentlichkeit stand dabei vor allem das Sicherheitspaket II, das vom Bundesinnenministerium vorgelegt wurde. Innerhalb der Strafverfolgungsbehörden und bei den Nachrichtendiensten wurden neue Planstellen geschaffen, die sich mit fundamentalistisch ausgerichteten Islamisten im In- und Ausland beschäftigen sollten. Als Aufgabe im Kampf gegen den Terrorismus wurden besonders zwei Säulen definiert:

- Taktische Intelligence: Beschaffen und Auswerten von Informationen über mögliche bzw. konkrete Anschlagspläne, ausführende Terrorzellen, Akteure usw.
- Strategische Intelligence: Beschaffen und Auswerten von Informationen über finanzielle Ressourcen, Planungskapazitäten und langfristige Entwicklungstrends innerhalb der fundamentalistischen Szene.

Um die notwendigen finanziellen Ressourcen für die deutsche Beteiligung am Krieg gegen den Terrorismus bereitstellen zu können, wurde die Versicherungs- und die Tabaksteuer angehoben. Insgesamt konnten so 1,5 Mrd. Euro zur Verfügung gestellt werden.

Rechtliche Rahmenbedingungen

Im Folgenden wird ein kurzer Überblick über die Sicherheitspakete I und II gegeben, um anschließend die Relevanz für BND, BfV und MAD zu untersuchen. Eine ganze Reihe der in den Sicherheitspaketen eingeführten Gesetzesänderungen ist für die Arbeit von Nachrichtendiensten nur von geringer Bedeutung oder bezieht sich in erster Linie auf die Verfolgung und Bekämpfung von Terrorgruppen und -sympathisanten innerhalb der Bundesrepublik Deutschland.

Sicherheitspaket I
Das am 19. September 2001 vom Bundesinnenministerium vorgestellte Sicherheitspaket I ist aus nachrichtendienstlicher Sicht weniger relevant. Es beinhaltet die Streichung des sogenannten Religionsprivilegs aus dem Vereinsgesetz, sodass Gemeinschaften, die eine gemeinsame Weltanschauung pflegen, den gleichen Verbotskriterien unterliegen wie alle anderen Vereine. Der im Sicherheitspaket I angekündigte Artikel 129 b wurde Anfang September 2002 in das Strafgesetzbuch aufgenommen. Die Mitgliedschaft in terroristischen Vereinigungen steht in Deutschland seitdem unter Strafe, auch wenn die Terrorgruppe in Deutschland keine Infrastruktur unterhält.

Sicherheitspaket II
Weit mehr Veränderungen für die Arbeit der deutschen Nachrichtendienste ergaben sich aus dem neuen Terrorismusbekämpfungsgesetz, das seit 1. Januar 2002 in Kraft ist. Die wichtigsten Eckdaten werden im Folgenden zusammengefasst.

Die Befugnisse von BND, BfV und MAD zur Beschaffung von Informationen wurden um wesentliche Punkte erweitert. So dürfen nun auch Informationen über Vereine und Gruppierungen gesammelt werden, die »gegen den Gedanken der Völkerverständigung (...) und insbesondere gegen das friedliche Zusammenleben der Völker (...) ausgerichtet sind«.

Darüber hinaus können BND, BfV und MAD »im Einzelfall bei Kreditinstituten und anderen Finanzdienstleistern Auskünfte zu Konten, Konteninhabern und sonstigen Berechtigten sowie am Zahlungsverkehr Beteiligten einholen, wenn dies zur Erfüllung ihrer Aufgaben nötig ist«. Diese Befugnisse wurden unter dem Begriff G-10-Maßnahmen eingeführt. Die Dienste sollen so leichter Geldwäsche von Terrorgruppen aufdecken und internationale finanzielle Verflechtungen über Spendenaufkommen und andere verdeckte Finanzierungswege nachvollziehen können. Postdienstleister und Fluggesellschaften sind ebenso wie Mobilfunkbetreiber und Internetanbieter verpflichtet, den Diensten auf Anfrage umfassende Daten einzelner Kunden zur Verfügung zu stellen.

Das Bundesamt für die Anerkennung ausländischer Flüchtlinge sowie die Ausländerämter übermitteln bei Verdachtsfällen automatisch die Daten von auffälligen Personen, der Informations- und Datentransfer zwischen den Diensten wurde rechtlich erleichtert. Der Auf- und Ausbau von einer gemeinsam zu nutzenden Datensammelstelle wurde im Sicherheitspaket II nicht vorgesehen.

Im Rahmen einer teilweisen Neuformulierung des sogenannten Sicherheitsüberprüfungsgesetzes wurde eine Ausweitung des infrage kommenden Personenkreises vorgenommen. Der Begriff »lebenswichtige« oder »verteidigungswichtige« Position erhielt eine neue Definition. Eine terroristische Infiltration derartiger Positionen soll so verhindert werden.

Neben Lichtbild und Unterschrift dürfen Reisepass und Personalausweis nun zusätzlich andere biometrische Merkmale enthalten, die auch in verschlüsselter Form in den Ausweis eingebracht werden können. Diese Angaben sollen genutzt werden, um die Echtheit eines Ausweises und die Identität des Inhabers zweifelsfrei feststellen zu können. Das Gleiche trifft für den Ausweisersatz zu, der neben Lichtbild und genauen Angaben zur Person ebenfalls biometrische Angaben in offener und verschlüsselter Form enthalten muss. Bestehen Zweifel an den Angaben eines Ausländers über seine Herkunft, so ist es gestattet, seine Stimme zur Identifizierung der Herkunftsregion auf Tonband aufzunehmen.

Die neuen Kompetenzen der Dienste wurden in die bereits bestehenden Kontrollstrukturen eingebunden. Eine Genehmigung zur Informationssammlung durch G-10-Maßnahmen muss ebenso wie das Einholen von Auskünften über Konten und Zahlungswege bei der G-10-Kommission beantragt und begründet werden. Sollte Gefahr im Verzug sein, so können die Dienste allerdings auch mit Maßnahmen beginnen und die Genehmigung im Nachhinein einholen. Wird diese im Nachgang von der Kommission verweigert, sind die Aktivitäten zu unterlassen bzw. sofort einzustellen.

Sind die deutschen Dienste gerüstet?

Einige der Veränderungen wurden in Anbetracht der Aktivitäten islamistischer Organisationen in Deutschland als dringend erforderlich angesehen, wie zum Beispiel die Informationsbeschaffung über Vereinigungen, die als Sympathisanten der Szene identifiziert wurden, auch wenn sie keine Aktivitäten unmittelbar gegen die Bundesrepublik Deutschland durchführten. Vielmehr wurde die Einsicht in das Innenleben solcher Gruppen als unerlässlich betrachtet, um das Phänomen Fundamentalismus verstehen und langfristige Entwicklungslinien (z. B. in Richtung Radikalisierung) und Kooperationsnetzwerke innerhalb der Szene feststellen zu können.

Durch die Platzierung oder Anwerbung menschlicher Quellen (»HUMINT«) in Sympathisantengruppen ergibt sich überdies eventuell eine Möglichkeit, in den Kern nahestehender aktiver Terrorzellen vorzustoßen, die anders fast nicht zu unterwandern sind.

All das muss abgewogen werden, bevor Vereine verboten werden und anschließend doch weiter auf konspirativer Ebene operieren. Durch ein Verbot wird das Einschleusen von verdeckten Ermittlern wesentlich erschwert bzw. bereits platzierte Agenten unter Umständen enttarnt. Menschliche Informationsquellen in diesen Kreisen sind eine Conditio sine qua non, wenn konkrete Informationen über terroristische Bedrohungspotenziale oder Intentionen von Terrorgruppen gewonnen werden sollen.

Eine infrastrukturelle Schwäche im Bereich der Auswertung wurde nach der Einrichtung der sogenannten »Informationsboards« bereits vor dem 11. September erkannt. Dort sammelten BfV, BND und BKA sämtliche gewonnenen Informationen zu den Themen »Internationaler Terrorismus« und »International organisierte Schleusungskriminalität«. Der Datenaustausch über das »Nachrichtendienstliche Informationssystem (NADIS)«, in dem die Verfassungsschutzbehörden der Länder und des Bundes miteinander vernetzt sind und an das auch BND und MAD angeschlossen waren, erwies sich für eine erfolgreiche Prävention von Terroranschlägen als zu langsam. NADIS war lediglich als Recherchehilfe gedacht und nicht als Sachinformationsregister. Es ließen sich so zum Beispiel wohl ein zu einer Person gehöriges Aktenzeichen und einige personenbezogene Grunddaten abrufen, allerdings war häufig nicht erkennbar, weshalb die Person überhaupt registriert wurde. Der schnelle Zugriff auf vorhandene Informationen kann jedoch essenziell sein, wenn es darum geht, einen drohenden Anschlag zu verhindern.

Bei diesen Überlegungen sollte eine grundsätzliche Überarbeitung der föderalen Organisation des deutschen Verfassungsschutzes kein Tabuthema sein. Deutschland ist mit dieser Organisationsform im internationalen Vergleich ohnehin eine Ausnahme. Während bei einer zu strikten Zentralisierung aller Entscheidungsprozesse ein Mangel an Flexibilität zu befürchten ist, gälte es zu untersuchen, inwieweit durch interinstitutionelle Barrieren Ressourcen verschwendet werden bzw. Synergien ungenutzt bleiben.

Darüber hinaus wäre zu prüfen, ob die Verfassungsschützer auf Landesebene nicht in ihren Kapazitäten überfordert sind, wenn sie einerseits die Rechtsextremismus- und Fundamentalistenszene überwachen und währenddessen noch effektive Spionageabwehr betreiben sollen.

Um die Kooperation im Bereich Auswertung zwischen den Diensten zu verbessern, wäre es vor dem Hintergrund des Mangels an professionellen Islamexperten mit entsprechender Praxiserfahrung empfehlenswert, die Koordinationswege zwischen BND, MAD, Verfassungsschutz und eventuell BKA neu zu bewerten. Die Trennung zwischen national und international ist bei Terrorgruppen, die im global operierenden Terrorismus aktiv sind, wie al-Qaida, auch nicht vorhanden. Eine zwischen den Diensten entsprechend fließende und bewegliche Infrastruktur könnte die Reaktionszeiten um ein Vielfaches verkürzen. Zudem würden in einer gemeinsamen »Terrorismuszentrale« sämtliche Erkenntnisse zum Thema Terrorismus zusammenlaufen und könnten mit erheblich weniger Personalaufwand ausgewertet werden, als in jeweils einzelnen Analysestäben erforderlich. Um die Qualität der Analysen langfristig auf hohem, gleichbleibendem Niveau zu halten, sollten Ressourcen für geeignete Trainings- und Bildungsmöglichkeiten weiterhin bereitgestellt werden.

Mit einer Privatisierung nachrichtendienstlicher Arbeit kann eine erfolgreiche Prävention nicht realisiert werden. Allein über offene Quellen (OSINT) lässt sich kein Krieg gegen konspirativ operierende Gruppierungen gewinnen. Privaten Unternehmen sollten keine nachrichtendienstlichen Methoden zur Beschaffung von Informationen gestattet werden. Hierbei ist zu bedenken, dass eine Konkurrenz zwischen den verschiedenen Unternehmen wohl genauso fatale Folgen hätte wie die Rivalität zwischen staatlichen Diensten. In diesem Fall würden Informationen nicht oder nur verzögert weitergegeben werden und eine gemeinsame Analysetätigkeit mit möglichen fatalen Folgen sehr behindert.

Fraglich ist darüber hinaus, ob sich eine Regierung in diesem sicherheitspolitisch äußerst sensiblen Bereich eine Abhängigkeit von privaten Unternehmen erlauben kann und inwieweit ein solcher Schritt in der Bevölkerung akzeptiert werden würde. Eine Kooperation mit privaten Unternehmen, beispielsweise in den Bereichen Objektschutz, OSINT oder Grey Intelligence, kann allerdings durchaus sinnvoll sein. Hier vorhandene Synergien sollten nicht ungenutzt bleiben.

Mit den neuen biometrischen Merkmalen in deutschen Pässen ist in der Praxis noch nicht viel erreicht worden. Bei der neuen Kennzeichnungspflicht handelt es sich zwar um eine Maßnahme, die in erster Linie die Arbeit der Polizei erleichtern soll, dennoch sei darauf hingewiesen, dass ihr Beitrag zur Terrorismusbekämpfung in jedem Fall nur von eingeschränktem Wert sein dürfte.

Die deutschen Pässe galten ohnehin bereits bisher als sehr schwer zu fälschen, wodurch Fälscher sich in erster Linie auf Dokumente anderer Staaten spezialisieren. Um gefälschte deutsche Pässe, die im Ausland kursieren, zu identifizieren, müsste entsprechendes Know-how dorthin exportiert werden.

Aufgrund der Freizügigkeit von Personen innerhalb der EU bedarf es eines weiter gefassten Ansatzes, beispielsweise durch die Einführung gesamteuropäischer Pässe und Personalausweise mit einheitlichen Sicherheitsmerkmalen. Abgesehen davon waren die wenigsten der bisher in Deutschland festgenommenen Terroristen »Illegale« oder mit gefälschten Pässen ausgestattete Personen.

Die neuen Kompetenzen für die deutschen Nachrichtendienste bedürfen auch entsprechend korrigierter Kontrollvorkehrungen durch das Parlament. Die Legislative nimmt stellvertretend für die Öffentlichkeit die höchste Position in der Kontrollhierarchie ein und hat entsprechend weitreichende Rechte, die auch dementsprechend zu nutzen sind. Die Zuständigkeiten der G-10-Kommissionen für die Genehmigung derartiger Einsätze sind in diesem Zusammenhang hervorzuheben.

Eine enge Zusammenarbeit der Nachrichtendienste mit parlamentarischen Kontrolleuren ist darüber hinaus auch besonders geboten, da gerade die Formulierung des Überwachungsziels in Art. 3 (1) 4 BVerfSchG einigen Raum für Interpretationen lässt, die nicht von den

Diensten allein umgesetzt werden sollten. Zur Sicherstellung der Geheimhaltung ist es allerdings zwingend notwendig, dass auch in den parlamentarischen Gremien ein ausreichendes Maß an Kompetenz im Umgang mit sensiblen Informationen vorhanden sein muss.

Während die im Sicherheitspaket II verabschiedeten Maßnahmen also einige Fortschritte brachten, muss berücksichtigt werden, dass es sich lediglich um eine Veränderung von Paragrafen handelte, die selbst noch keinen Terroristen einfangen. Zwar ist der Eindruck falsch, islamischer Fundamentalismus habe bis zum 11. September 2001 auf der Landkarte der deutschen Dienste nicht existiert, allerdings zielte der Schwerpunkt der Ressourcenbewertung über viele Jahre in erster Linie auf Überwachung und Verfolgung der rechtsradikalen oder der Kurdenszene in Deutschland. Defizite bei der Beschaffung und Auswertung in anderen Bereichen waren somit zwangsläufig die Folge.

Qualifizierte Islamexperten mit entsprechenden Sprachkenntnissen und Sicherheitsstufen sind nach wie vor unzureichend vorhanden, viele der neu geschaffenen Stellen konnten nicht oder nur mit weniger qualifiziertem Personal besetzt werden. Erschwerend hinzu kommt ein kulturelles Phänomen: Geheimdienste haben in Deutschland bei breiten Schichten der Bevölkerung kein gutes Image.

Entwicklung in den Vereinigten Staaten

FBI, CIA und Department of Homeland Security

Keine anderen Geheimdienste gerieten nach dem 11. September so sehr in die Kritik wie das Federal Bureau of Investigation (FBI) und die Central Intelligence Agency (CIA). Die Diskussion um den vermeintlichen »intelligence failure« im Vorfeld der Anschläge und die daraus zu ziehenden Konsequenzen wurden in den USA laut und öffentlich unter Beteiligung von Medien, Think Tanks und Politik geführt. Neben Gesetzesänderungen wie durch den »Uniting and Strengthening America by Promoting Appropriate Tools Required to Intercept and Obstruct Terrorism« Act (auch USA PATRIOT ACT) sticht als infrastrukturelle Maßnahme vor allem die Gründung des Departments of Homeland Security (DHS) hervor.

Das FBI ist die Institution, die in den USA eigentlich für Terrorabwehr zuständig ist. Es ist also kaum verwunderlich, dass das FBI sich in der Diskussion über vermeintliche Versäumnisse in der Terrorabwehr mit massiver Kritik auseinandersetzen musste. Nicht viel besser erging es der CIA und ihrem Counter-Terrorist Center (CTC). Mängel zeigten sich in den Bereichen Beschaffung und Auswertung. Vor allem die Schwächen in der Verarbeitung und Weitergabe von Informationen und Daten verwiesen darüber hinaus auf ein Problem, das in der amerikanischen Intelligence-Community auch schon während des Kalten Kriegs präsent war: »inter-agency rivalry«, resultierend in mangelhafter Kooperation zwischen FBI und CIA.

Ein Amt für die Sicherheit Amerikas

Unmittelbar nach dem 11. September hatte das Weiße Haus zunächst eine groß angelegte Umstrukturierung innerhalb der Administration abgelehnt und sich auf die Einrichtung eines »Office of Homeland Security« beschränkt. Der immense Druck aus dem US-Kongress und das Bekanntwerden vermeintlicher Versäumnisse von FBI und CIA im Vorfeld der Anschläge führten allerdings zu einem Stimmungswandel. Am 23. März 2002 erließ der damalige US-Präsident George W. Bush die Anordnung zur Einrichtung eines »Homeland Security Council«, am 6. Juni 2002 schließlich ging er mit Plänen für ein Department of Homeland Security (DHS) an die Öffentlichkeit. Am 20. Juni 2002 stellte der designierte Chef der neuen Behörde, Tom Ridge, das Projekt im US-Senat vor.

Die Kernaufgaben des DHS sollen die Vereitelung von Terroranschlägen in den USA, eine Reduzierung der Verwundbarkeit der USA durch Terrorismus im Besonderen sowie die Schadensbegrenzung und -behebung im Fall von Terroranschlägen sein. Leitgedanke hinter dem neuen Department ist, die bisher in verschiedenen Ministerien angesiedelten und mit Terrorismus beschäftigten Behörden an einer Stelle zu bündeln.

Im Wesentlichen wurden hierzu vier Abteilungen eingerichtet:

- »Border and Transportation Security«: Zusammenfassung von Behörden, die sich mit der Sicherheit der amerikanischen

Grenzen, Transportinfrastruktur und Hoheitsgewässer beschäftigen (Coast Guards, Border Patrol, Transportation Security, Immigration Service etc.).

- »Emergency Preparedness«: Koordination aller Vorkehrungen auf Bundes-, Landes- und Gemeindeebene zur Vorbereitung und Reaktion auf mögliche Terroranschläge.
- »Chemical, Biological, Radiological and Nuclear Countermeasures«: Schutz der amerikanischen Bevölkerung und Infrastruktur gegen Angriffe mit chemischen, biologischen, radiologischen oder nuklearen Waffen. Diese Abteilung verfügt zusätzlich über jeweils eine Unterabteilung für Forschung und Entwicklung, chemische Waffen und Substanzen, biologische Waffen und Substanzen sowie radiologische/nukleare Waffen und Materialien.
- »Information Analysis and Infrastructure Protection«: Bewertung von terroristischen Bedrohungsszenarien und Beurteilungen über die mögliche Verwundbarkeit kritischer Infrastruktureinrichtungen. An diese Abteilung sollen sämtliche Berichte, Einschätzungen oder sonstige Informationen zum Thema Terrorismus aus der amerikanischen Intelligence-Community weitergeleitet werden. Ein eigener Zugang zu nachrichtendienstlich nicht ausgewerteten Informationen wurde allerdings eingeschränkt.

Nach den Plänen der US-Regierung wurden für das neue Department insgesamt etwa 170.000 Beschäftigte und ein jährliches Budget von ca. 37,5 Milliarden vorgesehen.

Operative Kapazitäten

In den 60er- und 70er-Jahren wurden die Kompetenzen von CIA und FBI eingeschränkt und mehr der legislativen Kontrolle unterworfen. Als Folge entwickelte sich vor allem die Tätigkeit des FBI mehr in die Richtung einer reinen Strafverfolgungsbehörde. Entsprechend zu kurz kam die Bewertung nachrichtendienstlicher Expertisen. Bereits in den 80er-Jahren kritisierten Beobachter, dass das FBI nur ungenügend mit Möglichkeiten zur Beschaffung von Informationen im Bereich Terrorismus ausgestattet sei.

Nach umfangreichen Strukturveränderungen stockte das FBI nach dem 11. September 2001 seine Terrorismusabteilung um fast 500 Beschäftigte auf. Agenten verfügen seitdem über größere Freiheiten, wenn es darum geht, religiöse Einrichtungen wie Moscheen zu überwachen oder Internetseiten mit religiösem Inhalt zu überprüfen. Bis zur Reorganisation war dem FBI der Zugang zu religiösen Einrichtungen nur gestattet, wenn konkrete Hinweise auf eine Straftat vorlagen. Im PATRIOT ACT und über Verordnungen durch den Präsidenten wurden die Rechte des FBI im Hinblick auf Abhörmaßnahmen und Festnahme von Terrorismusverdächtigen substanziell erweitert. Darüber hinaus wurden die internationalen Kapazitäten weiter ausgebaut. Heute arbeiten Verbindungsoffiziere in Diensten anderer Länder, weitere FBI-Außenstellen wurden eingerichtet.

Bei der CIA ist das Counter-Terrorist Center angesiedelt, dessen Aufgabe es ist, sich mit im Ausland aktiven Terrorgruppen zu beschäftigen. Eine aus dem Jahr 2002 stammende These, es handle sich dabei um einen »Counter-Terrorist Mythos«, wurde zumindest teilweise von einem Untersuchungsbericht des Kongresses bestätigt. Bei der Beschaffung von Informationen über islamistische Terroristen im Nahen und Mittleren Osten sowie in Zentralasien existierten vor allem bei der Verfügbarkeit von Informanten erhebliche Defizite. Hinzu kamen CIA-interne Rivalitäten zwischen CTC und der Abteilung, die für den Nahen und Mittleren Osten zuständig war, wodurch eine effektive Anti-Terror-Arbeit zusätzlich erschwert wurde.

Entsprechend waren die Reaktionen in der Führungsebene: Die Beschaffung von Informationen durch menschliche Quellen wurde ausgebaut und ein neues, den Bedrohungen angepasstes Agentenprofil entwickelt. Im Ausland wurde verstärkt Personal angeworben, die Zahl der aktiven Außendienstagenten hat sich bis heute nahezu verdoppelt.

Nach dem 11. September 2001 wurde die CIA mit ihrer »Special Activities Division« in Afghanistan und Pakistan aktiv. Seitdem ist der Operationsradius erheblich ausgeweitet worden. US-Präsident George W. Bush ermächtigte die CIA in 80 Ländern, mit »covert actions« gegen Terroristen vorzugehen. Das Spektrum umfasste neben Propagandamaßnahmen oder der Unterstützung befreundeter Nachrichten- und Sicherheitsdienste auch Operationen, die die Zerschlagung von Terrorgruppen und das Töten von Terroristen beinhalteten.

In der ganzen Diskussion um die »intelligence failure« vor dem 11. September 2001 wurde eines klar: CIA und FBI litten insgesamt gesehen bei der Verfolgung von Terroristen durchaus nicht an einem Mangel an Informationen. Zwei der Attentäter standen bereits seit Dezember 1999 auf der Liste der CIA zur Beobachtung. Obwohl der Agency bekannt war, dass die beiden Terroristen sich in den USA aufhielten, wurden das FBI und die US-Einwanderungsbehörde INS erst am 23. August 2001 über die potenziellen Terroristen informiert – zu spät, um die notwendigen Verknüpfungen rechtzeitig herzustellen.

Die Probleme lagen hier also vor allem in der schlechten Kooperation und der damit verbundenen unzureichenden Weitergabe relevanter Informationen.

Die US-Dienste: Gerüstet für die Terrorabwehr?

Bei FBI wie CIA versuchte man, aus den Fehlern der vergangenen Jahre zu lernen und mit einer Reihe von Reformen den neuen Aufgaben gerecht zu werden. Folgerichtig bemühten sich die Dienste, Agenten anzuwerben oder auszubilden, die sich auch in den Straßen Pakistans oder Saudi-Arabiens bewegen können, ohne gleich als CIA- oder FBI-Mitarbeiter erkannt zu werden. Logischerweise kommt dabei den sogenannten »non-official cover officers« (nocs) genauso wie der Rekrutierung von Informanten in Ländern wie Afghanistan, Sudan oder Pakistan eine besondere Bedeutung zu. Die USA brauchen in jedem Fall eigene Agentennetzwerke in Krisengebieten, wollen sie die Abhängigkeit von regionalen Geheimdiensten verringern.

Die Bilanz im Hinblick auf rechtliche Kompetenzerweiterung fällt zwiespältig aus. Während einige der Neuerungen der FBI-Kompetenzen, beispielsweise die Erlaubnis, Untersuchungen in religiösen Einrichtungen anzustellen, für die Terrorbekämpfung sinnvoll sind, fällt die Kosten-Nutzen-Relation anderer Maßnahmen weniger klar aus. Die Ermächtigung, ohne Nennung von Gründen Festnahmen vorzunehmen oder einen Prozess einleiten zu können, stellt in jedem Fall eine unverhältnismäßige Einschränkung rechtsstaatlicher Prinzipien dar.

Eine interne Studie räumt dagegen ein, dass, selbst wenn alle Attentäter bekannt gewesen wären, der 11. September wahrscheinlich nicht anders verlaufen wäre. Diese Feststellung verweist auf die damaligen Schwierigkeiten des FBI, die Operationskultur von al-Qaida zu verstehen, und somit erneut auf die Mängel im Bereich Auswertung.

Ein Mehr an Informationen ist nur dann hilfreich, wenn Kapazitäten vorhanden sind, diese auch zu verarbeiten. Vor allem braucht es bei der Bekämpfung des islamistisch motivierten Terrorismus Personal, das mit Kultur und Sprachen Zentralasiens und Arabiens vertraut ist. Die Ausbildung einer ausreichenden Anzahl von qualifizierten Analysten kann vor dem Hintergrund des komplexen Themas noch einige Jahre in Anspruch nehmen.

Eine Möglichkeit zur Festigung ist die weitere Institutionalisierung der eingegangenen Kooperationen, zum Beispiel durch einen Ausbau des »Office for Intelligence«. In einer solchen Institution, in der auch das Department of Homeland Security (DHS) vertreten sein sollte, könnten alle Informationen zum Thema Terrorismus gesammelt und ausgewertet werden. Die derzeitige Verbundenheit von FBI und CIA dürfte wohl auch damit zu tun haben, dass beide Dienste einen Kompetenzverlust zugunsten des DHS fürchten. Bisher konnten beide Organisationen ihre Stellung gegenüber dem neuen Department behaupten und gleichzeitig ihre parallelen Strukturen weitgehend beibehalten.

Der Einsatz von Spezialeinheiten bei verdeckten Operationen wird wohl in der amerikanischen Bevölkerung nur so lange unterstützt werden, als dabei keine negativen Schlagzeilen produziert werden oder, sollte es dennoch Fehlschläge geben, diese nicht an Orten stattfinden, deren Bedeutung beim Kampf gegen den Terror nicht klar erkennbar ist.

Zumindest eine moralische Mitschuld an den damaligen Defiziten bei FBI und CIA betrifft auch den amerikanischen Kongress. In den Jahren vor 2001 fanden kaum Kontrollen hinsichtlich Effektivität und Effizienz der Ressourcenverwendung bei den Diensten statt – in erster Linie wurde auf »political correctness« geachtet. Dies hat sich nach dem 11. September 2001 durch die Tätigkeit der Untersuchungskommission des Kongresses geändert. Heute wird mehr als früher darauf geachtet, dass sich FBI und CIA mit ihren neuen Kompetenzprofilen nicht verselbstständigen.

Großbritannien

Einer der Sicherheitsdienste mit der größten Expertise in der Terrorismusbekämpfung ist der britische MI5. Seit den 70er-Jahren besaß man dort sogar eine Quelle in der Führungsspitze der »Irisch-Republikanischen Armee« (IRA). Wie andere Geheimdienste musste jedoch auch der MI5 nach den Anschlägen von New York und Washington einräumen, die vom islamistischen Terrorismus ausgehende Gefahr unterschätzt zu haben.

Entsprechend der neuen Bedrohungslage wurden massive Justierungen im Bereich Beschaffung und Auswertung vorgenommen. So kündigte der MI5 an, die Rekrutierung von Studenten an Hochschulen mit einem hohen Anteil von Muslimen voranzutreiben. Da fundamentalistische Organisationen wie al-Muhajiroun oder al-Maddad in Großbritannien als sogenannte »Frontorganisationen« Fundraising und Rekrutierungen von terroristischen Nachwuchskräften betrieben, erhoffte man sich so eine Möglichkeit, Agenten in diese Kreise einzuschleusen.

Weiterhin hielt der MI5 an seiner Taktik fest, auch bei aktiven Terrorgruppen manchmal von Verhaftungen abzusehen und sich eher auf Überwachung und Unterwanderung zu beschränken. In einem seiner äußerst seltenen öffentlichen Statements forderte der MI5 die Bevölkerung auch dazu auf, den Kampf gegen den Terror durch das Melden verdächtiger Beobachtungen zu unterstützen.

Auch in Großbritannien wurde als Reaktion auf den 11. September 2001 ein erweitertes Gesetzespaket zur Terrorismusbekämpfung verabschiedet, der »Anti-Terrorism, Crime and Security Act 2001«.

Neben Maßnahmen für Flughäfen, Atomkraftwerke und ähnliche potenzielle terroristische Angriffsziele wurden die Kompetenzen der britischen Polizei erweitert, der Datenaustausch zwischen den Sicherheitsbehörden erleichtert. Durch Erklärung des »öffentlichen Notstands« wurde darüber hinaus eine Einschränkung der Europäischen Menschenrechtskonvention verabschiedet. Terrorismusverdächtige können seitdem in Großbritannien ohne Prozess oder Vorlage von Beweisen inhaftiert werden.

Besonders wichtig aus Sicht der Nachrichtendienste war die Einrichtung eines nationalen Netzwerkes bestehend aus Polizei, der Special Branch der Metropolitan Police, Scotland Yard und MI5. Zudem wurde eine Erhöhung der für MI5 und MI6 zur Verfügung stehenden finanziellen Ressourcen um 20 Millionen Pfund genehmigt, der britischen Polizei wurde eine Budgeterhöhung von 30 Millionen zugewiesen. Im Haushaltsjahr 2002 wurde der neuen Bedrohung durch eine veränderte Ressourcenbildung Rechnung getragen: Der MI5 erhöhte im gleichen Jahr sein Budget für Terrorismusbekämpfung von 44 auf 72 Millionen Pfund.

Weitere internationale Kooperationen

Nationale Dienste sind in der Regel mit der Überwachung international agierender Terrorgruppen überfordert. Neben den innerstaatlichen Kooperationsebenen bedarf es daher auch einer engen internationalen Zusammenarbeit, sowohl um Anschläge zu verhindern als auch um gemeinsam offensiv gegen terroristische Führungseinheiten und deren internationale Netzwerke vorgehen zu können.

Nach den Anschlägen in New York und Washington gab es eine Unmenge an Solidaritätsbekundungen, die auch das Angebot zur nachrichtendienstlichen Zusammenarbeit einschlossen. Inwieweit es sich dabei um mehr als nur politische Bekenntnisse handelte, ist nicht einfach zu beurteilen, da Aussagen über Qualität oder Umfang des Datenaustauschs schwierig sind. Dennoch lässt sich Intelligence-Sharing anhand von Pressemeldungen, politischen Allianzen, offiziellen Statements und vor allem tatsächlichen Erfolgen gegen Terrorgruppen zumindest ansatzweise nachvollziehen.

Auch auf gesamteuropäischer Ebene gab es infrastrukturelle Anpassungen als Reaktion auf den 11. September. So beschlossen die Justizminister der EU-Staaten, das Budget der europäischen Polizeieinheit Europol um fast 50% auf 51,6 Millionen Euro zu erhöhen. Neu aufgenommen in den Kompetenzkatalog wurde die direkte Initiierung von Untersuchungen in EU-Mitgliedstaaten sowie die Erlaubnis, gemeinsam mit den nationalen Polizeieinheiten Operationen durchzuführen. In die Kritik geriet angesichts der erweiterten Befugnisse die fehlende demokratische Kontrolle und die aufgrund der weitgreifenden Definition des Begriffs Terrorismus zum Teil unklare Aufgabenstellung. Neben dieser innereuropäischen Komponente schloss Europol sowohl mit Interpol als auch mit US-Behörden Kooperationsabkommen zur Terrorismusbekämpfung.

Eine weitere Schlüsselrolle bei der Bekämpfung von al-Qaida kommt unbestritten den arabischen und zentralasiatischen Nachrichten- und Geheimdiensten zu, die zum Teil über sehr gute Quellen innerhalb der Terrornetzwerke verfügen. Staaten wie Pakistan oder Syrien, die lange gemieden wurden, sind heute gefragte Partner. Besonders die pakistanische Inter-Services Intelligence Agency (ISI) verfügte in ihrer langjährigen Rolle als Unterstützer der Taliban über einiges an Informationen. Noch aus den 80er-Jahren bestehende Beziehungen zwischen CIA und ISI wurden unmittelbar nach dem 11. September wiederaufgenommen, sodass die ISI mitunter »Augen und Ohren« der amerikanischen Sondereinheiten auf der Jagd nach Osama bin Laden war. Beobachter raten allerdings zur Vorsicht im Umgang mit der ISI, es bestehen nach wie vor Gerüchte, dieser Dienst sei zumindest in Teilen von islamistischen Netzwerken unterwandert.

Ebenso an Attraktivität gewann Syrien, das vom US State Department jahrelang als Terrorismussponsor geführt wurde. Aus US-Regierungskreisen wurde bestätigt, dass dank der Informationen des syrischen Geheimdiensts ein Anschlag auf amerikanische Truppen am Persischen Golf verhindert werden konnte. Eine Reihe von mutmaßlichen Al-Qaida-Anhängern wurde von syrischen Sicherheitskräften auf Drängen der USA festgenommen. Syrien verhörte für die USA auch Haydar Zammar. Der syrischstämmige deutsche Staatsbürger wurde verdächtigt, in die Rekrutierung Mohammed Attas verwickelt gewesen zu sein. Seitdem hat Syrien viele seiner Dossiers über Terroristen für die amerikanischen Dienste geöffnet.

Auch Ägypten, Libyen und Jordanien verfügten damals über Informationsquellen, an denen die USA und andere Länder großes Interesse hatten. Jordanien entsandte als einziges arabisches Land Militärs in das ansonsten streng abgeriegelte »Coalition Village« auf dem Mac-Dill-Stützpunkt der US Air Force in Tampa, Florida. Dort befand sich das Koordinationszentrum, von dem aus das militärische Vorgehen gegen al-Qaida, Taliban etc. geplant wurde.

Die marokkanischen Dienste trugen dazu bei, Anschläge auf britische und amerikanische Kriegsschiffe in der Meerenge von Gibraltar zu verhindern, und unterstützen CIA und FBI beim Verhör von auf Guantanamo Bay inhaftierten Gefangenen.

Weitere wertvolle Verbündete sind die russischen Geheimdienste. Diese gelten als ausgesprochene Kenner der Regionen vom Balkan bis zum Nahen und Mittleren Osten. Sehr vertraut waren sie außerdem mit der Kriegsführung in Afghanistan. Auch nach dem Abzug der russischen Truppen wurde das Land unverändert als Einflusssphäre angesehen, darüber hinaus war Russland bekannt als Unterstützer von Teilen der Nordallianz. Es gilt als gesichert, dass Russland eine ganze Reihe von Informationen über bin Laden, al-Qaida und andere islamistische Terrorgruppen in dieser Region gesammelt hat. Der russische Auslandsgeheimdienst SVR erklärte, dass er eng mit den Nachrichtendiensten Europas, der USA und des Nahen Ostens zusammenarbeiten wolle, »um die internationale Bedrohung durch den Terrorismus auszuschalten«.

Einschätzung

Geheimdienste arbeiten bekanntlich im Verborgenen, sie schützen akribisch ihre Quellen – andere Dienste sind immer auch gleichzeitig Konkurrenten. Mit einer kontrollierten Weitergabe von Informationen könnten gerade im »War Against Terror« auch nationale Interessen verfolgt werden. Sogar zwischen befreundeten Diensten wie den deutschen und amerikanischen gibt es immer wieder Konfliktpotenzial, wie zum Beispiel gegenseitige Vorwürfe über mangelnde Kooperationsbereitschaft und das Vorenthalten von wichtigen Informationen.

Eine weitere Hürde ist auch die Beibehaltung der Todesstrafe in einzelnen Staaten der USA. Gerade die europäischen Dienste tun sich schwer, Informationen an die amerikanischen Kollegen weiterzugeben, die unter Umständen zur Verhängung von Todesurteilen führen könnten. Andernorts wiederum werden die bereitgestellten Informationen ignoriert: So weigert sich Saudi-Arabien, mit Terroristen in Verbindung gebrachte Bankkonten einzufrieren oder gegen verdächtige Finanzflüsse aus Kassen saudi-arabischer »Wohlfahrtsvereine« vorzugehen.

Es ist zu befürchten, dass eine stärkere Kooperation mit arabischen Diensten Einfluss auf ethische Prinzipien der westlichen Außenpolitik nehmen wird. Realistisch betrachtet, ist nicht davon auszugehen, dass gerade autoritäre oder streng islamische Länder ein wirkliches Interesse an der Sicherheit der USA oder Westeuropas haben. Wahrscheinlicher ist eher, dass als Gegenleistung ein Zugang zu Informationen über in Europa und den USA lebende Regimegegner gefordert und auf mehr Toleranz hinsichtlich Menschenrechtsverletzungen gedrängt wird.

Anmerkungen

Terrorismusbekämpfung ist ein schwer zu vermarktendes Thema. Erfolge – wenn sie überhaupt öffentlich gemacht werden können – werden immer weniger Aufmerksamkeit erfahren als Misserfolge, die als spektakuläre Anschläge mit modernen Medien via Internet und Telefon den Weg in unsere Kommunikationsgesellschaft finden. Al-Qaida und ihre Anhänger sind nach wie vor präsent, besiegt ist die Terrororganisation nicht und wird es wohl auch nicht so schnell sein.

Dass bei Terrorwarnungen häufig von abstrakten Bedrohungen die Rede ist oder alle möglichen Worst-Case-Szenarien angenommen werden, zeigt, wie wenig Wissen über die tatsächlichen Vorgänge innerhalb international aufgestellter terroristischer Netzwerke vorhanden ist.

Die Abwehr von Terrorismus ist auf der sicherheitspolitischen Tagesordnung ganz nach oben gerückt und der Ausbau entsprechender Kapazitäten bei den Nachrichten- und Geheimdiensten ist auf einem guten Weg. Dennoch muss immer wieder deutlich gesagt werden, dass eine effektive Terrorabwehr ein ganzes Bündel an Maßnahmen erfordert, von denen sich bei Weitem nicht alle im militärischen, nachrichtendienstlichen oder polizeilichen Bereich abspielen.

Brennpunkte wie unter anderem Afghanistan, Pakistan, Palästina oder Afrika werden weiterhin Menschen zum Radikalismus verführen oder Sympathisanten für den Dschihad gewinnen, sofern sich die persönlichen Lebensumstände dort nicht positiv verändern. Alle westlichen Nationen werden sich in Zukunft noch intensiver mit dem

Wiederaufbau staatlicher Strukturen in den sogenannten »failed states« beschäftigen müssen.

Geschieht dies nicht, werden Terrorgruppen wie al-Qaida weiterhin beste Voraussetzungen dafür finden, sich in diesen Ländern zu positionieren und auszubreiten. Aufgabe der Politik ist es also, neben dem Ausrufen von Koalitionen gegen den Terror auch die Auseinandersetzung mit den tieferen Ursachen des Terrorismus zu suchen und aus den daraus gewonnenen Erkenntnissen einen politischen Handlungsbedarf zu entwickeln, der nicht nur auf die Bekämpfung von Symptomen beschränkt ist.

EUROPA INTERN – EINE KRITISCHE BETRACHTUNG

Überblick

In der Europäischen Union gibt es zwei wesentliche Arbeitsgruppen, die im Bereich Terrorismus tätig sind: die Gruppe TERRORISMUS mit einer operativen technischen Ausrichtung (Austausch polizeilicher Techniken, Definition von bewährten Verfahren ...) und die Gruppe COTER (Commission for Territorial Cohesion Policy). Letztere ist ein diplomatisches Gremium, das sich mit Fragen des Terrorismus aus politischer Sicht auseinandersetzt.

Darüber hinaus sind mehrere europäische Institutionen in den Bereich Bekämpfung des Terrorismus eingebunden:

- SITCEN (EU Joint Situation Center), eine Organisationseinheit des Generalsekretariats des Rates der Europäischen Union, die den Generalsekretär, dessen Mitarbeiter sowie die EU-Sonderbeauftragten durch die Ausarbeitung von Informationen unterstützen soll. Die Einheit beobachtet potenzielle oder aktuelle Krisenregionen und schafft durch politisch-strategische Analysen Grundlagen für Maßnahmen der EU im Rahmen der Europäischen Sicherheits- und Verteidigungspolitik (ESVP). Diese Analysen umfassen insbesondere die politisch-strategische Lage in Krisenregionen, die Früherkennung potenzieller politischer oder bewaffneter Konflikte sowie Bedrohungen und Risiken, die vom internationalen Terrorismus oder von der organisierten Kriminalität ausgehen können.
- EUROPOL (Europäisches Polizeiamt) wurde als europäische Polizeibehörde 1992 gegründet. Die Bediensteten setzen sich zusammen aus Mitgliedern der Polizei-, Zoll- oder Einwanderungsbehörden der einzelnen Mitgliedstaaten. Ihre Aufgabe besteht darin, die Zusammenarbeit der nationalen Behörden bei internationalen Verbrechen zu fördern durch Informationsaustausch, Unterstützung einzelner Länder durch Fachwissen und Arbeitstechniken, Koordination gemeinsamer

Maßnahmen und Polizeiaktionen sowie Erstellung operativer Analysen und strategischer Berichte.

- EUROJUST (Europäische Zusammenarbeit von Justizbehörden) besteht aktuell aus 27 nationalen Mitgliedern (Stand Dez. 2009). Aufgaben sind: Verbesserung der Koordinierung zwischen staatlichen Justizbehörden, Förderung des Informationsaustausches, Zusammenarbeit zwischen den zuständigen Behörden, Mitarbeit bei der Bekämpfung von Terrorismus, des illegalen Waffenhandels, des Drogenhandels, des Menschenhandels, der Kinderpornografie und der Geldwäsche.
- BERNER CLUB (Club de Berne), gegründet 1971. Die Mitglieder bestehen aus Angehörigen der europäischen Nachrichtendienste, derzeit sind ca. 20 Staaten vertreten. Die Aktivitäten sind weitestgehend unbekannt. Allerdings spielte der Club bereits 1978–1979 eine besondere Rolle bei geheimdienstlichen Aktivitäten gegen die deutsche RAF (Rote-Armee-Fraktion) und die italienischen Roten Brigaden. Zu diesem Zeitpunkt gehörten dem Club neben der Schweiz der deutsche Verfassungsschutz, Österreich, Italien und Nachrichtendienste Frankreichs an. Seit dem 11. September 2001 hat der Club eine verstärkte Bedeutung als Gremium der politischen Konsultation zwischen Geheim- und Staatsschutzdiensten erhalten. Aus dem Verein des Alpenraums ist ein internationaler Club geworden, dem sämtliche Mitglieder der EU angehören, mit dem Zweck des freien Meinungsaustauschs über Erkenntnisse und Aufgaben.

Strategie

Die Attentate von Madrid (2004) und London (2005), die im Sommer 2006 vereitelten Attentate (in Deutschland, im Vereinigten Königreich und in Dänemark) sowie die fehlgeschlagenen Attentate in London und Glasgow 2007 haben gezeigt, dass das Gebiet der Europäischen Union verstärkt eine Zielscheibe für radikal-islamische Terroristen geworden ist.

Um dieser Bedrohung entgegenzuwirken, hat die Union 2005 eine europäische Strategie für die »Bekämpfung des Terrorismus unter

Achtung der Menschenrechte und für ein sichereres Europa, das es den Bürgern ermöglicht, in einem Raum der Freiheit, Sicherheit und Gerechtigkeit zu leben«, verabschiedet. Im Einzelnen geht es um die Arbeitsbereiche Prävention, Schutz, Verfolgung und Reaktion.

Unterstützt werden soll diese Strategie durch das Führen von Listen über Personen, Vereinigungen und Körperschaften, die in terroristische Handlungen verwickelt sind oder gegen die entsprechende Verdachtsmomente vorliegen. Trotz intensiver Bemühungen ist es der Europäischen Union bisher nicht gelungen, die einzelnen Mitgliedsländer in eine gemeinsame, homogene und grenzübergreifende Terrorbekämpfung zu führen.

Uneinigkeit besteht untereinander besonders bei der gemeinsamen Nutzung und Verwertung von durch einzelne Geheimdienste gesammelten Informationen, dem gemeinsamen, uneingeschränkten Zugriff auf Datenbanken der EU-Institutionen und dem Vorschlag, die gesamte europäische Terrorismusbekämpfung politisch, formaljuristisch und operativ in einer neu zu bildenden Europabehörde nach dem US-amerikanischem Vorbild Department of Homeland Security zusammenzuführen.

Besonders die größeren Mitgliedsländer begründen ihre Kritik mit dem Standpunkt, dass auf Basis einer oftmals sehr schwerfälligen Bürokratie ein angemessenes gemeinschaftliches Handeln nicht möglich sei. Inhaltlich unterschiedliche Auffassungen bestehen unter anderem zu den Vorschlägen und Vorgehensweisen innerhalb einer europäischen Strategie zur:

- Erkennung und Bekämpfung von möglichen Aufenthaltsorten und Kommandostrukturen;
- Erkennung und Bekämpfung der Unterstützerebenen und Versorgungsnetzwerke;
- Entwicklung einer gemeinsamen Grundlage zur Terrorismusbekämpfung und
- Entwicklung einer gemeinsamen Grundlage für eine einheitliche Vorgehensweise im Bereich Migration und Integration.

Varianten

In der politischen Europäischen Union wird Terrorismus als ein gemeinsames Problem empfunden, die genaue Wahrnehmung erfolgt aber noch immer überwiegend innerhalb der Mitgliedsländer. In zahlreichen Kommissionen und Arbeitsgruppen auf EU- und Länderebene wurde und wird die Situation betrachtet und diskutiert. Grundsätzlich sind so drei Varianten entstanden, die nachfolgend vorgestellt und betrachtet werden.

Variante I
Verschiedene zwischenstaatliche Abkommen sollen die Kooperationen untereinander regeln, Grundlage hierfür ist die Konvention zur Terrorismusbekämpfung von 1977. Gegenmaßnahmen und die Bekämpfung des Terrorismus werden darin dem Bereich der zwischenstaatlichen justiziablen Kooperation und der gegenseitigen Hilfe zugeordnet. Die Schritte, die gegen terroristische Gruppierungen oder Personen unternommen werden, beziehen sich auf begangene Straftaten beziehungsweise deren Urheber. Prävention funktioniert in dieser Logik mithilfe der Abschreckung der potenziellen Täter durch die zu erwartende Verfolgung und Bestrafung.

Variante II
Die Kooperation unter den Justizbehörden wurde in der Theorie erweitert beziehungsweise vertieft. Die zwischenstaatlichen Abkommen, die als Ziel die Auslieferung der Täter hatten, aber die jeweils nationalen Strafrechte nicht betrafen, werden durch gemeinsame Rechtsprechung bzw. die gegenseitige volle Anerkennung der Rechtssysteme ersetzt. Ziel dieser Vorgehensweise ist die Vereinheitlichung von Strafbarkeit und Strafmaßen bei terroristischen Anschlägen. International agierende Gruppen sollen so grenzübergreifend leichter verfolgt werden. Umständliche Auslieferungsverfahren werden nach der gegenseitigen Anerkennung der Rechtsprechung durch einen gemeinsamen Haftbefehl ersetzt und die Überstellung an das zuständige Gericht vereinfacht.

Diese beiden Vorgehensweisen gegen den Terrorismus zeichnen sich dadurch aus, dass Antiterrorismus-Politik häufig als ein Spezialfall organisierter Kriminalität angesehen wird. Der Kampf gegen Terrorismus findet innerhalb des Rahmens der justiziablen Kooperationen statt. Beide Varianten erfordern die Bereitschaft zum Souveränitätsverzicht und ein hohes Maß an politischer Einigkeit und gegenseitigem Vertrauen.

Die Ausarbeitung und Einführung der Varianten I und II in der Europäischen Union dauerte mehr als 30 Jahre.

Variante III

Die dritte Variante in Bezug auf das Problem Terrorismus ist eine von den USA vertretene Politik, der sich die EU gegenwärtig annähert. Terrorismus wird darin als militärische Bedrohung wahrgenommen und die Bekämpfung in die Außen- und Sicherheitspolitik integriert. Das hat zur Folge, dass neben militärischen Mitteln und Maßnahmen wie dem Einsatz von Boden-/Lufttruppen auch die militärische Logik bei der Planung und Durchführung von Maßnahmen zur Terrorismusbekämpfung im Vordergrund steht. Bisherige Kooperationen zwischen Justiz und Polizei verlieren vor diesem Hintergrund ihre ursprüngliche Bedeutung.

Besonders in der Bedrohungsanalyse und der Auswahl des Handlungszeitpunkts kommt es bei einer militärischen Betrachtung zu entscheidenden Verschiebungen, die zu einer deutlich repressiveren Vorgehensweise führen und auch präventive, nichtzivile Handlungen gestatten. Die Erfolgsaussichten derartiger Aktionen werden in der EU skeptisch beurteilt, es besteht Uneinigkeit bei der Abklärung von Souveränitätsaspekten einzelner Mitgliedstaaten.

Zusammenfassung

Die bisher verabschiedeten und umgesetzten europäischen Maßnahmen zur Terrorismusbekämpfung finden sich unter dem Ansatz der Kriminalitätsbekämpfung. Das bedeutet, dass sie im Bereich der Kooperation zwischen Justiz und Polizei angesiedelt sind. Instrumente sind unter anderem der europäische Haftbefehl mit einer EU-internen Auslieferung und mit den mit den USA getroffenen gleichwertigen Abkommen.

Die bisher beschlossenen politischen Maßnahmen sollen die innereuropäische und vor allem die Kooperation zwischen Justiz und Polizei stärken. Überwiegend wird diese Zusammenarbeit jedoch weiterhin als zwischenstaatliche Lösung betrachtet und der Schritt zur praktischen Umsetzung gemeinsamer Zuständigkeiten nur selten getan. So wird die gegenseitige Anerkennung der Rechtssysteme der Suche nach gemeinsamen Regeln vorgezogen. Die Aufgabe staatlicher Souveränität und deren Übertragung an EU-Institutionen steht hier nicht entscheidend zur Debatte. Was bleibt, ist eine Stärkung der innerstaatlichen Systeme in den einzelnen Mitgliedsländern ohne Kompetenzgewinn für die Europäische Union.

Noch immer müssen viele Entscheidungen über gemeinsame Maßnahmen weiterhin einstimmig getroffen werden. Dieses Prinzip, das noch für viele Bereiche der EU gilt, wurde bisher nicht konsequent angetastet, auch wenn im Rahmen der Antiterrorismus-Politik die Notwendigkeit engerer und schnellerer Kooperationen erkannt wurde. Handlungsbedarf besteht nach wie vor beim politischen Willen und einer Umgestaltung der Zusammenarbeit hin zu einer echten gemeinsamen Politik. Bisherige Kooperationsmechanismen sind häufig noch immer zu kompliziert und zu langsam. Die längeren Verfahren haben zwar durchaus berechtigte Kontrollfunktionen, gehen aber oftmals auf Kosten der Effizienz der gemeinschaftlichen Ansätze.

Die Erfahrung zeigt, dass einmal aufgebaute Strukturen – auch wenn sie ursprünglich nur als Provisorien gedacht waren – eine Eigendynamik entwickeln und selten wieder abgebaut werden können.

Aktuell lässt sich festhalten, dass auf dem Gebiet der Terrorismusbekämpfung die Beschlussfreudigkeit der europäischen Gesetzgebung stark abgenommen hat. Das mag zum einen daran liegen, dass die erreichten Regelungen als ausreichend empfunden werden und gegenüber der Bedrohungsanalyse als angemessen erscheinen. Es bleibt offen, ob neue Entwicklungen in der Antiterrorismus-Politik in naher Zukunft zu erwarten sind.

Gemeinsame Außen-, Verteidigungs- und Sicherheitspolitik

Die europäische Antiterrorismus-Politik war lange Zeit im Bereich der justiziablen Zusammenarbeit angesiedelt. Das ist zum einen in der besonderen Art der Bedrohungsform zu sehen, zum anderen auch im Kontext einer gewissen europäischen Nachkriegstradition, gegen Gefährdungen der inneren Sicherheit, soweit irgend möglich, mit zivilen Mitteln vorzugehen.

Spätestens seit dem 11. 9. 2001 gibt es weltweit und auch innerhalb der Europäischen Union Ansätze, die eine stärkere militärische und außenpolitisch orientierte Vorgehensweise gegen terroristische Bedrohungen befürworten. Ob dies nur ein Trend oder eine dauerhafte Abkehr von der »Zivilmacht Europa« ist, soll nachfolgend kurz betrachtet werden. Vor allem geht es um die Frage, ob die Ereignisse der letzten Jahre zu einer stärkeren Vereinheitlichung und Integration auf dem Gebiet der gemeinsamen Außenpolitik geführt haben. Insgesamt überwiegt eine kritische Mehrheit, nach deren Meinung es auf dem Gebiet der Sicherheits- und Verteidigungspolitik nach dem 11. September 2001 nicht zu einer stärkeren Europäisierung gekommen ist. Angesichts der Ereignisse und der daraus schnell abgeleiteten neuen Bedrohungsszenarien konzentrierte man sich im Bereich der Sicherheitspolitik zunächst auf die Ebene der Nationalstaaten. Zwar erfolgte eine gemeinsame Reaktion der EU nur wenige Tage nach dem Anschlag, jedoch kam es zuerst »nur« zu nationalen Erklärungen und bilateralen Gesprächen, zum Beispiel mit den USA.

Auch wenn dadurch die Tatsache der später erfolgten gemeinsamen Reaktionen und Absichten nicht gemindert wurde, zeigte sich doch, dass die EU als Ganzes von ihren Mitgliedstaaten nicht als vollwertiger internationaler Akteur angesehen wurde.

Das Thema der gemeinsamen Außen-, Verteidigungs- und Sicherheitspolitik bleibt ein umstrittener Bereich in der gemeinsamen Politik. Zu sehr stehen sich hier unterschiedliche Interessen und Auffassungen gegenüber. Es ist zudem einer der Bereiche, in denen das Konkurrenzverhältnis zwischen staatlichen Kooperationen untereinander und einer gemeinschaftlichen Politik besonders ausgeprägt ist.

Trotzdem lässt sich feststellen, dass innerhalb der EU-Staaten zunehmend an die Notwendigkeit einer gemeinsamen Sicherheitspolitik geglaubt und diese immer ambitionierter verfolgt wird. Der 11. September 2001 spielt dabei als Auslöser von Diskussionen und Überlegungen unbestritten eine entscheidende Rolle, darf aber im Bereich der gemeinsamen Außen-, Verteidigungs- und Sicherheitspolitik nicht überbewertet werden. Die Diskussionen in und um diesen Politikbereich sind wesentlich älter und werden bis heute mitbestimmt durch die Erfahrungen aus den letzten Balkankriegen, in Afghanistan und anderen Krisenorten mit direkter oder indirekter Beteiligung einzelner EU-Staaten an KFOR- oder ISAF-Missionen.

Tatsache ist, dass Bürger bei Bedrohungen von außen zunächst immer erst »Schutz« bei ihren Nationalstaaten suchen, weil sie es schlicht so »gewohnt« sind. Zumindest ist dies die verbreitete Einschätzung der einzelnen Regierungen, die in derartigen Fällen die Fähigkeit, ihren eigenen Bürgen Schutz und Sicherheit zu bieten, besonders hervorheben. Für einen ganzheitlichen europäischen Einigungsprozess wird es sich eher kontraproduktiv auswirken, wenn sich Mitgliedstaaten zunächst intensiv auf eigene Maßnahmen und Kapazitäten konzentrieren.

Risiken der Verwischung europäischer Integrationen existieren, und jede Frage um Leben und Tod ihrer Bürger gibt den Nationalstaaten eine verstärkte Legitimität und Autonomie zurück. Kooperieren bedeutet daher nicht automatisch Integrieren. Der Kampf gegen den Terrorismus gab auch vielen EU-Staaten einen direkten Grund zur Verstärkung ihrer eigenen Institutionen. Auch wenn die Antiterrorismus-Politik und die mit ihr verbundenen Maßnahmen zunehmend von einem komplexen und international organisierten Netzwerk von Akteuren getragen und gestaltet werden, bleibt der einzelne Nationalstaat häufig der eigentliche Bezugsrahmen.

Eine weitere Stärkung der gemeinsamen Außen-, Verteidigungs- und Sicherheitspolitik ist daher – wenn überhaupt – erst mittelfristig zu erwarten und setzt eine stärkere Identifikation der Nationalstaaten mit der Europäischen Union voraus. Offen bleibt die Frage, inwieweit es gelingen wird, eine europäische Position unabhängig und gleichzeitig im Dialog mit den USA zu definieren. Die Gewichtung der EU wird dabei von der Fähigkeit als internationaler Akteur abhängen.

Konstruktive Kritik

Der nicht ausgereifte gemeinschaftliche politische Konsens bleibt Hauptmangel der europäischen Antiterrorismus-Politik. Gemessen an den bestehenden Risiko- und Gefährdungsanalysen wird er häufig zugunsten der Souveränität der Einzelstaaten zurückgestellt und verläuft im Bereich der einzelstaatlichen Zusammenarbeit. Zwar wird Terrorismus als gemeinsame Bedrohung wahrgenommen, in der Praxis bleibt es aber noch zu oft bei gemeinsamen Absichtserklärungen und der Bevorzugung nationaler politischer Interessen. Die Europäische Union ist somit als internationaler Akteur sicherheitspolitisch nicht handlungsfähig genug, was sich zum einen auf ihre externe und zum anderen auf ihre interne Glaubwürdigkeit negativ auswirken kann.

Europäische Kooperationen sind noch zu sehr den internen Interessen der beteiligten Mitgliedstaaten zugeordnet. Die Folgen sind entsprechend: Nationale Interessen können unter dem Bezug europäischer Notwendigkeiten eingesetzt werden, was in diesen Fällen eine demokratische Kontrolle durch das Europäische Parlament quasi aushebelt. Davon profitieren in erster Linie diejenigen Regierungen bzw. Bürokratien, die ihre Maßnahmen im Bereich Terrorismusbekämpfung mehr oder weniger an tagespolitischen Themen ausrichten und so ein erhebliches Mehr an Flexibilität für ihre Handlungen im eigenen Land durchsetzen.

Die bisher bereits gemeinsam beschlossenen und in Gesetze umgesetzten Maßnahmen führen weiterhin zu Diskussionsbedarf. Vielfach wird bemängelt, dass mit den neuen Regelungen in der gemeinsamen Terrorismusdefinition die individuellen Menschenrechte und Grundfreiheiten nicht ausreichend geschützt sind.

Auch ist nicht abschließend geklärt, ob derzeit und nach Aufnahme von weiteren Kandidaten in die Union alle Rechtssysteme in allen Mitgliedstaaten gleichwertig sind und ob Angeklagte in den beteiligten Ländern mit vergleichbaren Verfahren zu rechnen haben.

Ein weiterer Kritikpunkt ist eine mögliche Aufweichung des Datenschutzes im Rahmen der justiziablen Kooperationen, zum Beispiel über Europol und Eurojust. Ebenfalls eine mögliche Gefährdung wird bei der internationalen Zusammenarbeit gesehen, etwa in der Frage nach Art und Umfang einer Weitergabe sensibler Passagierdaten und Finanzinformationen an US-Behörden. Die Meinungen hierzu sind sehr unterschiedlich und reichen bis zur Anzweiflung, ob derartige Maßnahmen bzw. derartige Daten bei der Terrorismusprävention irgendeinen reellen Zweck erfüllen und Ermittlungen entscheidend unterstützen können.

Ebenso um die Verteidigung elementarer Grundrechte geht es bei der Kritik an der sogenannten EU-Terroristenliste. Diese seit Ende 2001 aufgestellte und regelmäßig aktualisierte und ergänzte Datei enthält die Namen von Einzelpersonen, Firmen und Gruppen, bei deren Verfolgung die EU-Mitgliedstaaten sich zur gegenseitigen Hilfe verpflichten.

Schlussbemerkung

Besonders im Hinblick auf die anstehende Aufnahme weiterer Länder in die EU werden erneut Fragen in Bezug auf die Europäische Integration in den Mittelpunkt rücken. Kroatien, Serbien, Montenegro, Mazedonien, Bosnien, Kosovo, Albanien, die Türkei, die Ukraine, Georgien und Island – im Jahr 2020 könnte die Europäische Union aus fast 40 Staaten bestehen. Chancen, die eine vertiefte Integration für Europa mit sich bringt, werden gern und oft präsentiert, Risiken und auch Bedingungen für eine wünschenswerte Integration nicht immer ausreichend dargestellt.

Insbesondere die Vertiefung der justiziablen und polizeilichen Kooperation und die Umsetzung der vereinbarten Maßnahmen zur Terrorismusbekämpfung in die Praxis muss an Bedingungen geknüpft werden. Die Angleichung der Rechtssysteme darf nicht nur zu einer kleinsten gemeinsamen Übereinstimmung führen, sondern muss den hohen Maßstäben genügen, wie sie etwa durch die Europäische Erklärung der Menschenrechte gesetzt werden. Bedrohungsanalysen dürfen nicht unterschätzt, aber auch nicht überschätzt werden.

Die Frage der »islamistischen Bedrohung« muss nicht nur innerhalb der bestehenden 27 Mitgliedstaaten einer echten und ernsthaften Analyse unterzogen werden, sondern sie muss auch die weiteren Beitragskandidaten und besonders die Balkanstaaten einbeziehen.

Die europäische Diskussion im Kontext einer gemeinsamen Terrorismusbekämpfung muss weiter präzisiert werden, aktuelle Bestimmungen sind wegen der in ihnen enthaltenen politischen Eigendefinitionen noch zu dehnbar.

IRAN:
ZWISCHEN WELTMACHT UND WELTKRIEG

TEIL I: VERGANGENHEIT UND GEGENWART

EINFÜHRUNG

Der Iran ist heute viertgrößter Rohöl-Exporteur der Welt und der zweitgrößte der OPEC. 2004 wurden rund 200 Millionen Tonnen Öl gefördert, was in etwa dem Jahresverbrauch von Deutschland und Großbritannien zusammen entspricht. In diesem Fokus soll versucht werden, die aktuelle Situation im Iran und in der Region zu beschreiben, ohne dabei den Blick in die Vergangenheit zu vernachlässigen und die mögliche, durchaus sehr kritische Zukunft zu ignorieren. Viele Informationen werden bereits bekannt sein, andere sollen der Ergänzung dienen. Diese Studie wirft Fragen auf, insbesondere in Bezug auf die militärische Einschätzung. Das ist so beabsichtigt und soll Diskussionsbedarf auslösen. Insofern gute Ergebnisse daraus resultieren, hat das Dossier seinen Zweck erfüllt.

RÜCKBLICK

Der Iran befindet sich auf einem Gebiet, das lange als Persien bezeichnet wurde. Durch die strategische Lage zwischen dem Kaukasus im Norden, der Arabischen Halbinsel im Süden, Indien und China im Osten und Mesopotamien und Syrien im Westen lässt sich die Geschichte des Landes zurückverfolgen vom Reich der Meder bis zum Perserreich der Achämeniden, von Alexander dem Großen bis zu den Parthern und Sassaniden.

Seit dem Mittelalter folgten auf das islamische Kalifat, welches das Sassanidenreich beerbte, verschiedene einheimisch-persische, mongolische und türkische Dynastien bis zu den Safawiden, Kadscharen, Pahlewis und dem heutigen Staat des Iran. Das Land trat als Monarchie mit einem Schah als Oberhaupt und bald auch mit einer eigenen, freien Regierung in die Neuzeit ein. Russland bzw. die Sowjetunion versuchten den Norden des Iran unter ihre Kontrolle zu bringen und unterstützten 1920 die Gründung der iranischen Sowjetrepublik. Mit Reza Schah Pahlavi (Reza Chan) begann 1921 unter dem Einfluss von

Großbritannien und Irland eine politische Neuorientierung Persiens in Richtung Westen. 1935 ging der Schah ein Zweckbündnis mit Deutschland ein und forderte gleichzeitig die internationale Staatengemeinschaft auf, die bis dahin von den Briten verwendete Bezeichnung Persien zu streichen und das Land von nun an »Iran« zu nennen.

Durch den mit dem Öl verknüpften Reichtum entwickelte sich das Land zu einer regionalen Macht. Während des Zweiten Weltkrieges besetzten am 24. August 1941 britische und sowjetische Truppen den neutralen Iran, Reza Schah musste auf deren Druck hin abdanken. Seine Nachfolge trat sein ältester Sohn Mohammad Reza Pahlavi an. Vom 28. November bis zum 1. Dezember 1943 fand in Teheran die Konferenz der drei Hauptalliierten des Zweiten Weltkriegs statt.

Nach dem Ende des Zweiten Weltkriegs wurde 1951 die Ölindustrie durch den amtierenden Premierminister Mohammad Mossadegh verstaatlicht. Auslöser hierzu war das Verhalten der britischen Anglo-Iranian Oil Company, die das Ölgeschäft im Iran beherrschte und sich strikt weigerte, ihre Gewinne aus dem Ölgeschäft zur Hälfte mit dem iranischen Staat zu teilen. In der Folge kam es zum internationalen Boykott des iranischen Öls, angeführt durch die USA und Großbritannien. Die nachfolgenden internationalen Spannungen stürzten den Iran in eine tiefe wirtschaftliche Krise.

Trotz der Krisensituation wählte das iranische Parlament 1953 nach einem Referendum Mossadegh ein weiteres Mal zum Premierminister. Kurz darauf wurde der Premier durch die Militäroperation Ajax gestürzt. Diese Operation bezeichnet eine historische und in ihrer Art für weitere Aktionen beispielgebende CIA/MI6-Operation, bei der im Anschluss eine von Schah Mohammad Reza Pahlavi favorisierte Regierung installiert wurde.

Vor dem Sturz floh der Schah vorübergehend nach Italien und kehrte am 22. August 1953 in den Iran zurück. Nach einige Jahre dauernden Verhandlungen mit internationalen Ölgesellschaften konnte gegen Ende der 50er-Jahre wieder Erdöl in großen Mengen exportiert werden. Ab 1963 führte der Schah mit der »Weißen Revolution« umfangreiche wirtschaftliche, soziale und politische Reformen ein. Durch die erheblichen Öleinnahmen veränderte sich der Iran vom Entwicklungsland zu einem wohlhabenden Industriestaat.

Die Industrialisierung und die gesellschaftliche Modernisierung führten von Beginn an zu Spannungen mit konservativen Teilen der schiitischen Geistlichkeit. Unmittelbar nach Ausrufen der »Weißen Revolution« sprach sich im gleichen Jahr Ayatollah Chomeini gegen das Reformprogramm aus. Neben der islamistischen Opposition der Fedajin-e Islam bildete sich eine linke Guerillabewegung im Iran, die das Land mit »bewaffnetem Kampf« verändern wollte. Die 1977 angestrengte Liberalisierung der politischen Diskussion führte zur Destabilisierung des Landes durch gewaltsame Demonstrationen, begleitet von Mord- und Brandanschlägen. 1979 beschlossen der französische Präsident Valéry Giscard d'Estaing, Präsident Jimmy Carter aus den USA, Premierminister James Callaghan aus Großbritannien und der deutsche Bundeskanzler Helmut Schmidt auf der Konferenz von Guadeloupe, den Schah nicht mehr zu unterstützen und stattdessen den Dialog mit Ayatollah Chomeini zu suchen. Schah Reza Pahlavi verließ daraufhin den Iran.

Ayatollah Chomeini kehrte am 1. Februar 1979 aus dem französischen Exil zurück. Rasch etablierte er sich als oberste politische Autorität und begann aus der ehemals konstitutionellen Monarchie eine »Islamische Republik« zu formen. Die neue Politik wurde von einer religiös-fundamentalistischen, antiwestlichen Linie bestimmt. Als oberstes Gremium im Land wurde der sogenannte Wächterrat eingesetzt, welcher je zur Hälfte aus Geistlichen auf der einen und Juristen auf der anderen Seite besteht. Die sechs Geistlichen werden direkt ernannt, die sechs Juristen vom Parlament gewählt, wobei hier nur über vom Obersten Richter vorgeschlagene Personen abgestimmt werden darf.

1980 wurde der Iran vom Irak angegriffen, die Auseinandersetzungen dauerten bis 1988. Obwohl dieser erste Golfkrieg hauptsächlich ein Kampf um die Vorherrschaft am Persischen Golf war, liegen die Wurzeln des Konflikts viele Jahrhunderte zurück. Sie finden ihren Ursprung in der Rivalität zwischen Mesopotamien (Gebiet des heutigen Iraks) und Persien (Iran). Einer der Faktoren, der zu den Feindseligkeiten zwischen den beiden Parteien beitrug, war der Streit um die Schifffahrtsrechte auf dem von den Arabern als Schatt al-Arab bezeichneten Grenzfluss. Der Krieg war durch extreme Brutalität gekennzeichnet, einschließlich des Einsatzes chemischer Waffen durch irakische Streitkräfte. Die Angaben über die Zahl der Verluste variieren bis heute stark und erlauben keine exakte Einschätzung. Einige Quellen gehen von bis zu einer Million Toten auf beiden Seiten aus. Es gilt jedoch als sicher, dass der Erste Golfkrieg nach den beiden Weltkriegen, dem Koreakrieg und dem Vietnamkrieg die verlustreichste militärische Aktion des 20. Jahrhunderts war.

Mit dem überraschenden Wahlsieg Mohammad Chātemīs nach den Wahlen 1997 und mit dem Entstehen einer politischen Reformbewegung im iranischen Parlament lockerte sich gegen Ende der 90er-Jahre die internationale Isolation des Landes.

Die Reformer standen dem religiösen Machtmonopol kritisch gegenüber und versuchten, den republikanischen Strömungen des Landes mehr Gewicht zu geben. Ein bedeutender Schritt zu Beginn war hierzu die Liberalisierung der nationalen Medien durch eine neue Gesetzgebung. Kritische Stimmen im Land nutzten diese Möglichkeit, um ihre Reformansätze öffentlich zu verbreiten und für Zustimmung zu werben.

Mit dem Hinweis auf die Unverträglichkeit mit dem Islam wurde die gesetzlich verankerte neue Pressefreiheit vom Wächterrat allerdings nach kurzer Zeit wieder aufgehoben und weitere Reformversuche des Parlamentes weitestgehend blockiert.

Die damit praktisch herbeigeführte Handlungsunfähigkeit der Reformer im iranischen Parlament führte zu einem erheblichen Vertrauensverlust in der reformwilligen Bevölkerungsschicht, was wiederum zu einer enttäuschenden Beteiligung bei den Kommunalwahlen im Jahr 2003 und zu einem klaren Sieg der konservativen Kräfte führte.

Präsidentschaftswahlen 2005

Der Wahlkampf für die iranischen Präsidentschaftswahlen des Jahres 2005 wurde im Fernsehen, im Radio, auf Plakaten und auf Redeveranstaltungen geführt und in den Medien zunächst von Hāschemī Rafsandschānī dominiert. Der ehemalige Präsident des Iran (1989–1997) verfügte über erheblichen Rückhalt in Kreisen der Wirtschaft und des Klerus. Er genoss den Ruf des Pragmatikers, der für den wirtschaftlichen Aufschwung der 1990er mitverantwortlich war, konnte sich jedoch im ersten Wahlgang nicht eindeutig durchsetzen. Sein Stimmenanteil (amtlich: 21,13%) lag gegenüber dem Mahmud Ahmadinedschads (amtlich: 19,43%) überraschend geringfügig im Vorteil. Da er die absolute Mehrheit verfehlte, wurde eine Stichwahl angesetzt, die Ahmadinedschad mit 61,69% gegenüber 35,93% gewann.

Mit dem neuen Präsidenten begann ein Wechsel der politischen Umgangsformen im Iran. Seine politischen Gegner wurden in der Bevölkerung mit der grassierenden Korruption in Verbindung gebracht und ihre Verbindungen zur geistlichen Führung als Verfilzung dargestellt. Ahmadinedschad erhob den Anspruch, in den 90er-Jahren als Provinzgouverneur und seit 2003 als Bürgermeister von Teheran erfolgreich und unabhängig vom politisch religiösen Establishment agiert zu haben, seinen bürgerlichen Lebensstil machte er zum Teil seines Wahlkampfes. Programmatische Programmpunkte waren unter anderem die Islamisierung der Gesellschaft, die Einführung einer Kleiderordnung für Frauen und die Einschränkung der freien Meinungsbildung.

Darüber hinaus suchte er gezielt die diplomatische Konfrontation im andauernden Atomstreit mit Israel, den USA und Europa. Mit der Wahl Ahmadinedschads zum neuen iranischen Präsidenten und mit seiner konfrontativen Außen- sowie repressiven Innenpolitik wurden die reformwilligen Kräfte im iranischen Parlament weiter unterdrückt, gleichzeitig nahm die internationale Isolation erneut zu.

Seine Wiederwahl im Juni 2009 wurde von zahlreichen Manipulationsvorwürfen begleitet und führte zu massiven Protesten bis in den Monat Dezember. Aufnahmen von friedlichen Demonstrationen gegen das Wahlergebnis, unter anderem in Teheran, und von deren massiver Niederschlagung mit vielen Toten und Verletzten und mehreren Tausend Verhaftungen durch staatliche Sicherheitskräfte gelangten via Internet in die Medien der ganzen Welt. Viele ausländische Berichterstatter im Iran konnten daraufhin nur noch von ihren Büros oder Hotels aus arbeiten, zahlreiche Reporter und TV-Teams mussten das Land verlassen, darunter deutsche, spanische, belgische und niederländische Journalistinnen und Journalisten.

Internationale Reaktionen

Während die meisten westlichen Staaten Vorbehalte gegen die Rechtmäßigkeit der Wiederwahl Ahmadinedschads formulierten, gratulierten die Hisbollah, Syrien, Afghanistan und der Sekretär der Arabischen Liga bereits am nächsten Tag. Es folgten Venezuela, die Türkei, Russland, Nordkorea, China, Brasilien und die Arabischen Emirate. Am 24. Juni gratulierten Algerien, Libyen, der Senegal und der Sudan.

US-Außenministerin Hillary Clinton erklärte, sie wolle den Vorwürfen des Wahlbetrugs nachgehen, daher erkenne die USA einen Wahlsieg Ahmadinedschads vorerst nicht an. Die EU-Ratspräsidentschaft kommentierte das Wahlergebnis mit Skepsis: »Die Präsidentschaft ist besorgt über angebliche Unregelmäßigkeiten während des Wahlprozesses und (...) die Gewalt, die direkt nach der Bekanntgabe der offiziellen Wahlergebnisse ausbrach.« Israel wies nach Verkündung von Ahmadinedschads Sieg erneut auf die Gefahr einer nuklearen Bedrohung durch den Iran hin. Außenminister Avigdor Lieberman erklärte, »die internationale Gemeinschaft müsse nach der Wiederwahl von Präsident Ahmadinedschad ›ohne Zugeständnisse‹ gegen das iranische Atomprogramm und die Unterstützung ›terroristischer Organisationen‹ durch Teheran vorgehen«.

Iran und Israel

Der Iran hat nach 1979 sowohl sämtliche politischen als auch die wirtschaftlichen Kontakte zu Israel abgebrochen. In einer Rede vom 26. Oktober 2005 forderte der iranische Präsident Ahmadinedschad die Vernichtung Israels, ein in der UN-Geschichte einmaliger Vorgang.

Die Verbindungen zwischen Israel und dem Iran lassen sich bis in die Zeiten des Alten Testamentes zurückverfolgen. In den Büchern Daniel, Esra und Nehemia, dem 1. Buch der Chronik, dem 2. Buch der Chronik und im Buch Ester finden sich direkte Hinweise auf das Leben von Juden in Persien.

Im Buch Esra wird auf die Entscheidung des persischen Königs Bezug genommen, den Juden die Rückkehr nach Jerusalem und den Wiederaufbau des zerstörten Tempels zu gestatten. Der Tempelbau wird im Buch Esra 6, 14 unmittelbar mit den Schriften von Kyros II., Dareios I. und Artaxerxes I. in Verbindung gebracht und auf das späte sechste Jahrhundert v. Chr. datiert.

Zu dieser Zeit gab es eine große jüdische Gemeinde in Persien. Die erste jüdische Gemeinde geht auf die Niederlage der Juden gegen Šulmanu-ašared V. um 722 v. Chr. zurück, der das Gebiet des heutigen Israel eroberte und die Bewohner in die Gefangenschaft verschleppte.

Beziehungen vor 1979

Der Iran zählte zu den ersten Staaten, die unter der Regentschaft des Schah Reza Pahlavi im Jahr 1948 das Existenzrecht und die Unabhängigkeit Israels anerkannten. Im Gegenzug betrachtete Israel den Iran im Nahostkonflikt als Alliierten gegenüber den arabischen Staaten. Beide Länder waren ebenfalls Verbündete der USA, was die politische Situation aus Sicht Israels noch verbesserte.

Die diplomatischen und insbesondere die Wirtschaftsbeziehungen wurden im Lauf der Jahre stetig ausgebaut. Israel unterhielt eine permanente Delegation in Teheran, welche die Funktionen einer Botschaft ausübte. Nach dem Sechstagekrieg 1967 versorgte der Iran Israel mit Öl, im Gegenzug baute Israel 1968 die Eilat-Ashkelon-Pipeline, durch die iranisches Öl nach Europa transportiert wurde.

Auch in Fragen der militärischen Ausrüstung gab es eine Zusammenarbeit zwischen dem Iran und Israel. Ein Beispiel stellt das 1977 begonnene Projekt »Flower« dar, ein israelisch-iranisches Projekt zur Entwicklung von Mittelstreckenraketen. Trotz der engen wirtschaftlichen Beziehungen zwischen den beiden Ländern stimmte 1975 der Vertreter des Iran bei den Vereinten Nationen für die Annahme der Resolution 3379 der UN-Generalversammlung, mit der Israel in eine Reihe mit den Apartheid praktizierenden Staaten Südafrika und Rhodesien gestellt wurde. Die Resolution besagte in ihrem letzten Satz, dass Zionismus eine Form des Rassismus und der Rassendiskriminierung sei.

Beziehungen zu Israel nach 1979

Während der Islamischen Revolution wurde im Iran praktisch jeder politische, wirtschaftliche oder sonstige Kontakt zu Israel abgebrochen. Sämtliche Vereinbarungen und Verträge, die in der Vergangenheit zwischen Israel und dem Iran geschlossen worden waren, wurden auf Anordnung des Revolutionsführers Ayatollah Chomeini annulliert, auch der Nachfolger Chomeinis, Ayatollah Chamenei, betrachtete Israel als Feind. Nach dem Zusammenbruch des Ostblocks wurde die umstrittene Resolution 3379 von der UN-Generalversammlung 1991 mit 111 zu 25 Stimmen bei 13 Enthaltungen wieder zurückgenommen. Weder ein arabischer Staat noch der Iran selbst stimmte für die Rücknahme.

Seitdem betrachten sich die beiden Staaten als unversöhnliche Feinde. Eine Annäherung gilt bis heute als höchst unwahrscheinlich. Der Iran bestreitet in der Öffentlichkeit vehement die Anschaffung oder die Herstellung nuklearer Atomwaffen. Die gezielte Verbreitung antiisraelischer Propaganda in der iranischen Bevölkerung und die Tatsache, dass die Umsetzung des iranischen Atomprogramms konsequent weiter durchgeführt wird, verstärkt die unversöhnliche Haltung der beiden Staaten zueinander immer intensiver. Sollte der Iran an einem eigenen Kernwaffenprogramm arbeiten, befürchten die USA einen Angriffskrieg Israels, das sich von einem möglichen Atomschlag bedroht sieht.

Internationale Rolle

Als im Mai 2007 in Bagdad die ersten diplomatischen Gespräche zwischen dem Iran und den USA seit der Islamischen Revolution stattfanden, verband sich damit die Hoffnung auf eine allmähliche Entspannung der bilateralen Beziehungen zwischen den beiden Ländern.

Das Verhältnis zwischen dem Iran und den westlichen Nationen hat sich allerdings seit der iranischen Präsidentschaftswahl 2009 erneut stark verschlechtert.

Dem Land wird heute international vorgeworfen, radikal-islamische Terrorgruppen wie Hisbollah, Hamas und auch den Islamischen Dschihad finanziell und logistisch zu unterstützen.

Gemeinsam mit Israel betrachten die USA den Iran als »outlaw state«. Dieser Begriff steht für eine vom amerikanischen Philosophen John Rawls im 20. Jahrhundert proklamierte Bezeichnung von Staaten, die der Gemeinschaft der Völker feindselig gegenüberstehen, aggressive Ziele verfolgen und die Menschenrechte ihrer Bürger massiv missachten.

ATOMMACHT IRAN

Bereits seit 1959 versucht der Iran, mit einem eigenen Atomprogramm die Energieversorgung des Landes um eine Nutzung durch Kernenergie zu ergänzen. Durch die Islamische Revolution und den Ersten Golfkrieg wurden diese Ansätze unterbrochen.

Bis zum Februar 2010 ist kein Kernreaktor zur Energieversorgung ans Netz gegangen, es existieren lediglich kleinere Forschungsreaktoren. Die Internationale Atomenergieorganisation (IAEO) datiert die geplante Inbetriebnahme des Kernkraftwerks Buschehr auf den 1. Juli 2010.

Die Entwicklung von Atomwaffen wird vom Iran bestritten. Stattdessen wird betont, das Atomprogramm nur friedlich nutzen zu wollen und keine Massenvernichtungswaffen herzustellen. Dennoch gehen die westlichen Staaten inzwischen davon aus, dass der Iran heimlich an einer derartigen Entwicklung mit Hochdruck arbeitet. Dieser Verdacht wird inzwischen auch von der Internationalen Atomenergieorganisation öffentlich ausgesprochen. Angeblich befinden sich bereits seit 2006 genaue Baupläne aus dem pakistanischen Atombombenprogramm in den Händen iranischer Entwickler.

Obwohl der Iran über die weltweit zweitgrößten Vorkommen an fossilen Energiequellen verfügt (Erdöl und Erdgas zusammengenommen), wurde dort bereits in den 60er-Jahren über deren Begrenztheit nachgedacht. Der damalige Schah Reza Pahlavi kam zu dem Schluss, dass Erdöl zu kostbar sei, um es zur eigenen Energiegewinnung zu verbrennen. In seiner Neujahrsansprache vom 21. März 1974 erklärte er:

> *»Wir werden so rasch wie möglich die Atomenergie und alternative Energiequellen nutzen, um Öl für die Herstellung chemischer und petrochemischer Produkte zu reservieren. Wir sollten Öl, diese kostbare Substanz, nicht einfach nur als gewöhnlichen Brennstoff verwenden.«*

Die staatliche Planungsbehörde des Iran ging in einer von 1972 bis 1992 reichenden umfangreichen Planung von einer weltweiten Energieknappheit aus. Bereits damals machte sie dafür die Energiepolitik der westlichen Industriestaaten verantwortlich sowie deren Abhängigkeit von billigen fossilen Brennstoffen. Aus diesem Grund wollte man im eigenen Land den Anteil der durch das Verbrennen von Öl gewonnenen Energie zugunsten von Nuklearenergie, Gas und Wasserkraft senken.

Nach dieser Planung sollte bis zum Jahr 1992 der gesamte Energieverbrauch Irans mit 15,5% Atomenergie, 35% Gas, zu 5,5% mit Wasserkraft und zu 44% mit Öl abgedeckt werden. Das Öl wäre mit über 44% immer noch der wichtigste Energielieferant gewesen, allerdings hätte sich der Anteil gegenüber dem Ölverbrauch zwanzig Jahre zuvor halbiert.

Auf dem Weg zur Atommacht

»Atoms for Peace« war die Überschrift einer Rede, die der amerikanische Präsident Dwight D. Eisenhower am 8. Dezember 1953 vor der UN-Vollversammlung in New York hielt. Inhaltlich präsentierte er seine Vorstellungen von einer friedlichen Nutzung der Kernenergie und setzte sich ein für eine Verwendung zur Stromerzeugung und in weiteren Bereichen wie Medizin, Verkehr und Landwirtschaft. Das alles, so Eisenhower, solle unter dem Dach einer internationalen Atomenergiebehörde realisiert werden, die daraufhin am 29. Juli 1957 als IAEO in Wien gegründet wurde.

Der Grundstein des iranischen Atomprogramms wurde im Jahr 1959 mit US-amerikanischer Hilfe gelegt, als Präsident Dwight D. Eisenhower 1959 der Universität Teheran im Rahmen des »Atoms-for-Peace«-Programms einen Forschungsreaktor kostenlos zur Verfügung stellte. 1967 wurde aus den USA ein weiterer Reaktor mit einer Leistung von fünf Megawatt geliefert und im *Teheran Nuclear Research Center* (TNRC) in Betrieb genommen.

Im Gegenzug unterzeichnete der Iran am 1. Juli 1968 den Atomwaffensperrvertrag mit der Verpflichtung, die Kernenergie ausschließlich für zivile Zwecke einzusetzen. Gleichzeitig akzeptierte der Iran das Verbot einer militärischen Nutzung in jeder Form. 1974 wurde die Iranische Atomenergieorganisation (AEOI) gegründet, mit einem ehrgeizigen Nuklearprogramm plante der Iran den Bau von bis zu 23 Atomreaktoren bis zum Jahr 2000.

Der Bau von kerntechnischen Anlagen erfordert gewisse Rahmenbedingungen, die im Iran nicht leicht zu erfüllen sind. Die Reaktoren benötigen erhebliche Mengen Wasser, sie müssen an ein Transportsystem angebunden sein, das auch den Transport schwerer Gerätschaften zulässt, sie müssen leicht mit dem Stromnetz des Landes zu verbinden und doch möglichst weit weg von dicht besiedeltem Gebiet gelegen sein. Darüber hinaus sollte es in dem Gebiet keine Erdbeben geben. Erste Analysen ergaben, dass es hierzu nicht mehr als zehn Orte zum Bau eines Atomkraftwerkes im Iran gab. Man begann an drei Orten mit den Vorbereitungen: Buschehr am Persischen Golf, Darkhwin am Karun und in einem Gebiet in der Nähe von Zayandeh Rud südwestlich von Isfahan.

1975 unterzeichnete der damalige amerikanische Außenminister Henry Kissinger das National Security Decision Memorandum 292 zur US-amerikanisch-iranischen Zusammenarbeit auf dem Gebiet der Nukleartechnologie. Das Memorandum beschrieb die Details eines geplanten Verkaufs von Nukleartechnik im Wert von über sechs Milliarden US-Dollar an den Iran. Bis in die 1970er-Jahre wurden zwischen den USA und dem Iran diesbezüglich mehrere Abkommen getroffen. Im Frühjahr 1976 wurde dem Iran angeboten, eine Anlage zur Extraktion von Plutonium von den USA zu kaufen und zu betreiben. Im Oktober 1976 wurde dieses Angebot von Präsident Ford allerdings zurückgezogen. Da die Verhandlungen mit den USA nicht zum Abschluss gebracht werden konnten, wurden vom Iran deutsche und französische Unternehmen bevorzugt.

Um die Versorgung der iranischen Reaktoren mit angereichertem Uran sicherzustellen, erwarb der Iran 1975 als Ergebnis von französisch-iranischen Verhandlungen einen zehnprozentigen Anteil von EURODIF, einem europäischen Unternehmen für die Anreicherung von Uran. Dazu wurde die »Sofidif« (Société franco-iranienne pour l'enrichissement de l'uranium par diffusion gazeuse) gegründet, welche wiederum mit 25% an EURODIF beteiligt wurde. Bereits 1974 hatte der Iran eine Milliarde US-Dollar für den Bau der Anreicherungsanlage zur Verfügung gestellt und sicherte sich damit das Vorkaufsrecht für 10% der späteren Produktion.

Nach der Islamischen Revolution 1979 stellte der Iran seine Zahlungen ein. 1991 wurde mit der französischen Regierung eine Einigung über die Rückzahlung der geleisteten Anzahlung und die Aufhebung der iranischen Rechte auf Lieferung angereicherten Urans erreicht: Frankreich erstattete dem Iran 1,6 Milliarden US-Dollar, umgekehrt verzichtete der Iran auf eine Lieferung angereicherten Urans.

Neben Kooperationsabkommen mit der Bundesrepublik Deutschland und Frankreich erwarb der Iran im Jahr 1976 Anteile an einer neu entdeckten Uranmine in Südwestafrika, dem heutigen Namibia, die damals bereits von der britischen Rio Tinto Group und der Deutschen Urangesellschaft geleitet wurde. An der Deutschen Urangesellschaft sind heute die französische Cogema, die E.ON, die STEAG und die EnBW beteiligt.

Kernkraftwerke

Trotz des US-amerikanischen und französischen Engagements waren es westdeutsche Unternehmen, die 1974 einen Vertrag über den Bau eines ersten iranischen Kernkraftwerks in der Nähe der Stadt Buschehr abschlossen. Die deutsche Kraftwerk-Union AG, die den Reaktor bauen sollte, hatte wiederum mit der Sowjetunion einen Vertrag geschlossen, der die Lieferung von angereichertem Uran nach Inbetriebnahme des Reaktors für die folgenden zehn Jahre sichern sollte. Die Arbeiten am Bau des Reaktors wurden jedoch durch die Islamische Revolution 1979 und den Ersten Golfkrieg unterbrochen. Ayatollah Chomeini erklärte die Atomenergie für unislamisch und verbot sämtliche weiteren Forschungsarbeiten.

1984 begann der Iran dennoch mit der Inbetriebnahme eines neuen Forschungszentrums nahe Isfahan. Nach Beendigung des Krieges mit dem Irak wurden ab 1990 mit China und Pakistan neue ausländische Partner eingebunden.

Im Januar 1991 unterzeichnete der Iran mit China einen Vertrag zum Bau eines weiteren kleinen 27-kW-Forschungsreaktors in Isfahan, 1995 wurde ein Vertrag mit Russland über die endgültige Fertigstellung des Reaktors in Buschehr abgeschlossen. Die Übergabe soll im Sommer 2010 erfolgen.

Geostrategische Lage

Der Iran grenzt an sieben Staaten mit unterschiedlichen Grenzlängen:

Im Westen und Nordwesten:

• Grenzlänge zum Irak	1.609 km
• Grenzlänge zur Türkei	511 km
• Grenzlänge zu Aserbaidschan	759 km
• Grenzlänge zu Armenien	48 km

Im Nordosten und Osten:

• Grenzlänge zu Turkmenistan	1.205 km

Im Osten und Südosten:

• Grenzlänge zu Afghanistan	945 km
• Grenzlänge zu Pakistan	978 km

Des Weiteren hat der Iran zwei Wassergrenzen, eine im Norden auf einer Länge von 756 km, die andere im Süden auf einer Länge von 2.045 km. Im Norden grenzt das Land an das Kaspische Meer, den größten See der Erde. Im Süden und Südwesten gibt es eine 2.045 km lange Küste zum Golf von Oman und zum Persischen Golf, die voneinander durch die Straße von Hormuz getrennt sind. An dieser für den Transport von Rohöl per Schiff wichtigen Meerenge bei Bandar Abbas und der Insel Qeshm beträgt die Entfernung zum Oman und den Vereinigten Arabischen Emiraten weniger als 50 Kilometer.

Der Iran ist umgeben von Staaten, zu denen ein gespanntes bis feindliches Verhältnis besteht. Das wahhabitische Saudi-Arabien, die arabischen Golfstaaten und Pakistan sowie Aserbaidschan sind mehr oder weniger mit den USA verbündet. Die Türkei als Mitglied der NATO könnte für Luftangriffe gegen den Iran in Frage kommen, im Irak und in Afghanistan sind insgesamt etwa 150.000 US-Truppen stationiert. Im Persischen Golf befinden sich ein US-Flugzeugträgerverband und ein zweiter Flugzeugträger.

Diesem – aus iranischer Sicht – Aufmarsch feindlicher Truppen an der Nord-, Süd-, Ost- und Westgrenze konnte die islamische Republik nach Einschätzung zahlreicher Beobachter militärisch lange kaum etwas entgegensetzen. Inzwischen sind sich Fachleute jedoch einig, dass die angeblich mangelhafte Wehrfähigkeit der Iraner gewaltig unterschätzt wird.

Nachbarstaaten wie Pakistan und Russland verfügen über Atomwaffen, auch der vom Iran proklamierte Erzfeind Israel hat den Atomwaffensperrvertrag nie unterzeichnet und verfügt vermutlich seit den Sechzigerjahren über entsprechende Waffen. Fachkreise gehen davon aus, dass Israel über rund 200 Kernsprengköpfe besitzt. Ein Interview mit Premierminister Ehud Olmert im Dezember 2006, in dem dieser in einer Aufzählung von Atommächten neben Frankreich, den USA und Russland auch Israel nannte, wurde von der internationalen Presse als indirektes Eingeständnis für einen israelischen Atomwaffenbesitz und gleichzeitig als Drohung in Richtung Iran gewertet.

Parallelen zwischen der Atomfrage und der Sicherheitslage im eigenen Land werden von der iranischen Regierung abgestritten. Aus Angst vor einer nuklearen Bewaffnung des Irans gibt es bereits in einigen arabischen Ländern Überlegungen, eigene Atomprogramme zu starten.

Atomare Einrichtungen

Teheran

Der Teheran-Research-Reaktor wurde 1967 mithilfe der Vereinigten Staaten von Amerika mit einer Leistung von fünf Megawatt errichtet. Der Betrieb wurde auf Brennelemente ausgelegt, die auf 93% HEU (Highly Enriched Uranium) angereichert wurden. Die erste Lieferung erfolgte ebenfalls durch die USA. Ab 1987 wurde mit Argentinien ein Vertrag für die Lieferung von neuen Brennelementen ausgehandelt, der Reaktor wurde hierzu für einen Betrieb mit auf 20% angereichertem Uran umgebaut. Die Lieferung von 115,8 kg Uran durch Argentinien erfolgte 1993. Anfang 2010 veröffentlichte die iranische Atomenergiebehörde eine Erklärung, wonach so bald wie möglich in der Anlage Natanz eigenes Uran selbst angereichert werden soll.

Natanz
Die Anlage befindet sich etwa 225 km südsüdöstlich von Teheran im Landesinneren. Der Iran forciert hier ein Projekt zur Anreicherung von Uran. Die Anlage wurde erst 2002 von der IAEO im Rahmen von Inspektionen im Iran entdeckt und liegt etwa 30 Meter unter der Erdoberfläche. Das gesamte Areal ist durch Flugabwehrsysteme stark gesichert. Nach Informationen der IAEO können dort bis zu 50.000 Gaszentrifugen in Betrieb gehen. Iranischen Erklärungen folgend soll Uran in Natanz nur bis zu einem Grad von 3,5 Prozent angereichert werden, was für den Betrieb eines Atomkraftwerkes zwar ausreicht, eine militärische Nutzung aber ausschließt. Für den Bau einer Atombombe ist eine Anreicherung von über 85 Prozent notwendig.

2003 wurde ein vertraulicher IAEO-Bericht bekannt, in dem es hieß, dass man Proben aus waffentauglichem Uran, das aus Natanz stammt, gefunden habe. Der Iran machte damals kontaminierte eingeführte Ausrüstungen dafür verantwortlich. Im April 2007 erklärte der iranische Präsident, dass in der Anlage nun Uran im industriellen Maßstab angereichert werden kann.

Im November 2009 produzierte der Iran 1.800 kg auf 3,5% angereichertes Uran, von den inzwischen 8.000 installierten Zentrifugen war die Hälfte in Betrieb. Im Februar 2010 gab der Leiter der iranischen Atombehörde, Ali Akbar Salehi, bekannt, dass in Natanz mit der Produktion von auf 20 Prozent angereichertem Uran begonnen worden sei. Nach eigenen Angaben benötigt der Iran das Material zum Betrieb des Forschungsreaktors in Teheran.

Buschehr
Die sich noch immer im Bau befindliche Kernkraftanlage Buschehr befindet sich 17 Kilometer südlich der gleichnamigen Stadt am Persischen Golf. Sie soll vor allem die landeinwärts gelegene Großstadt Schiraz mit Energie versorgen. Das Bauvorhaben ist das wohl komplizierteste und langwierigste Projekt, das je auf iranischem Boden realisiert werden sollte.

Bereits 1974 schloss die westdeutsche Kraftwerk-Union AG, ein Joint Venture der Siemens AG und AEG-Telefunken, einen Vertrag über den Bau im Umfang von vier bis sechs Milliarden US-Dollar ab. Die Bauarbeiten begannen im Mai 1975, Fertigstellung und Übergabe sollten 1982 erfolgen. Mit dem Bau der zwei Reaktorkerne wurde die ThyssenKrupp AG beauftragt. Anfang 1979 wurde der Bau unterbrochen, nachdem im Verlauf der Islamischen Revolution die Wirtschaft des Iran praktisch stillstand.

Im Juli 1979 zog sich die Kraftwerk-Union AG aus dem Projekt zurück, da der Iran die vereinbarten Zahlungen nicht mehr aufbringen konnte. Zu diesem Zeitpunkt war der eine Reaktor zu ca. 85 Prozent, der andere zu 50 Prozent fertiggestellt. Während des Ersten Golfkriegs wurden beide in Bau befindlichen Reaktoren durch mehrere irakische Luftangriffe zwischen 1985 bis 1987 stark beschädigt.

1995 unterzeichnete der Iran einen Vertrag mit Russland über die endgültige Fertigstellung. Die Verhandlungen hierzu begannen bereits 1990. Der Bau wird vom russischen Konzern Atomstroiexport durchgeführt, der dem Russischen Atomenergieministerium Minatom unterstellt ist. Die Anlage sollte ursprünglich im Laufe des Jahres 2005 in Betrieb gehen, die Arbeiten verzögerten sich erneut durch internationale Streitigkeiten. Im Januar 2006 wurde seitens des russischen Konzerns angekündigt, die Arbeiten in Buschehr ungeachtet der Zuspitzungen im Atomstreit fortsetzen zu wollen. Bis Anfang Januar 2008 soll von russischer Seite mehr als die Hälfte des benötigten Kernbrennstoffes zur Inbetriebnahme geliefert worden sein. Der erste Testlauf der Anlage mit noch virtuellem Brennstoff wurde bereits durchgeführt. Laut Angaben der Internationalen Atomenergieorganisation soll der Block im September 2009 erstmals mit dem Stromnetz synchronisiert worden sein. Die endgültige Inbetriebnahme ist für den Juli 2010 geplant.

Isfahan

Die Universitätsstadt Isfahan gilt als Zentrum der iranischen Kernforschung. In der Anlage kann neben der Produktion von Brennstäben auch Uran in das gasförmige Uranhexafluorid umgewandelt werden – ein notwendiger Ausgangsstoff für angereichertes Uran. Internationale Beobachter gehen davon aus, dass die Gaszentrifugen zur Urananreicherung teils importiert, teils in einer Fabrik in Isfahan gebaut werden. Getestet werden sie demnach in der Kaladsche-Anlage in Ab-Ali, um sie abschließend in Natanz fertigzustellen.

Arak
In Arak wird Schweres Wasser zur Moderation von Reaktoren hergestellt. In Schwerwasserreaktoren fällt Plutonium an, das als Material für Kernwaffen dienen kann. Die Existenz der Anlage wurde erstmals im Dezember 2002 durch Satellitenaufnahmen bekannt, die vom *Institute for Science and International Security* (*ISIS*) veröffentlicht wurden.

Qom
Im September 2009 informierte der Iran wenige Tage vor einem Treffen mit den fünf ständigen Mitgliedern des UN-Sicherheitsrates die IAEO darüber, dass das Land an einer zweiten Anlage zur Urananreicherung baut. Wegen ihrer auf maximal 3.000 Zentrifugen begrenzten Kapazität wird eine ausschließlich militärische Nutzung unterstellt.

Karadsch
In Karadsch, ca. 40 Kilometer nordwestlich von Teheran, befindet sich ein Nuklearforschungszentrum für Landwirtschaft und Medizin, das bereits seit 1995 über ein von Belgien geliefertes 30-MeV-Zyklotron und eine von China gekaufte Isotopentrennanlage verfügen soll. Die Stadt gilt auch als Zentrum der iranischen Raketenindustrie.

Uranerzminen
Die für das iranische Atomprojekt wichtigste Mine für Uranerz liegt in der Nähe von Saghand. Die Ausbeutung soll als Basis für eine Produktion von 50 Tonnen angereichertem Uran pro Jahr ausgelegt sein. Daneben gibt es weitere Vorkommen von Uranerz, unter anderem bei Yasd, Anarak und in Gchine. Die Uran-Mühle in Gchine in der Nähe von Bandar Abbas am Persischen Golf ist nach Schätzungen für die Produktion von 21 Tonnen Uran jährlich ausgelegt. Ende 2005 erklärten iranische Chemiker, man habe erstmals eine Anlage zur Gewinnung von größeren Mengen Uranoxid aus Roh-Uran gebaut. Damit könnte der Iran nunmehr auf seine – nicht unbeträchtlichen – Uranvorkommen zurückgreifen und wäre zumindest mittelfristig von Zulieferungen unabhängig.

Weitere Anlagen in Planung
Die Militäranlage in Parschin gilt als möglicher Standort für Atomexperimente, in Anarak und Ghom gibt es Lager für Nuklearabfälle. Bereits 1992 haben der Iran und China ein Abkommen über den Bau zweier 360-Megawatt-Reaktoren in der Nähe von Ahwas in West-Iran unterzeichnet. Der Baubeginn steht noch aus. Bis 2017 soll ein eigenes Kernkraftwerk in der Provinz Chuzestan mit einer Kapazität von 360 MW errichtet werden.

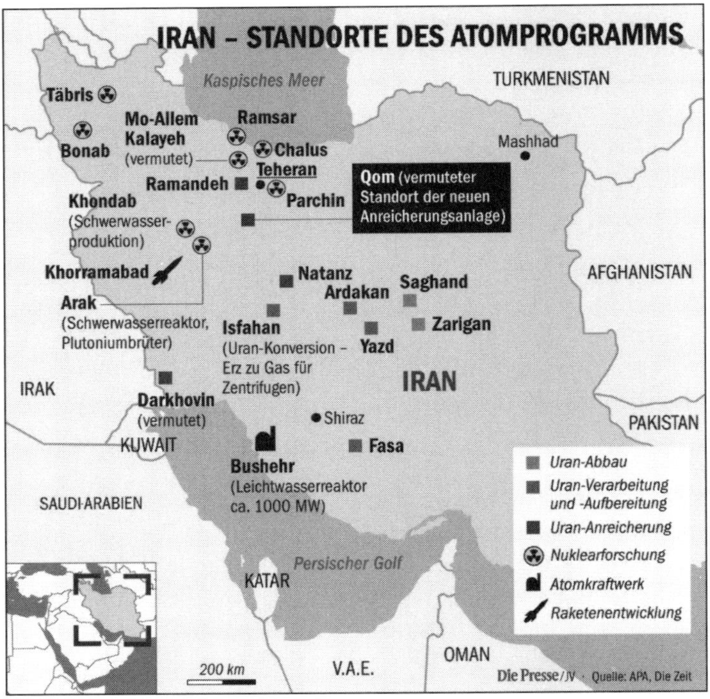

CHRONOLOGIE DER BEDROHUNG

2002–2004

Im Jahr 2002 wurde bekannt, dass der Iran Atomanlagen unterhielt, die der IAEO verheimlicht worden waren, unter anderem in Natanz und Arak. Dabei spielten Geheimdienstkontakte in Journalistenkreisen, Aussagen iranischer Dissidenten sowie die militärische Aufklärung mittels Satellitenfotografie eine Rolle.

Im Dezember 2003 unterzeichnete der Iran das Zusatzprotokoll zum Nichtverbreitungsvertrag, ratifizierte es aber nicht. Das 1997 von der IAEO beschlossene Zusatzprotokoll ergänzt den Vertrag über die Nichtverbreitung von Kernwaffen von 1968. Es gestattet zum Beispiel, unangemeldete Kontrollen durchzuführen, die aufgrund der Erfahrungen mit den Atomrüstungsplänen des Iraks nach dem Zweiten Golfkrieg für notwendig erachtet wurden.

Die Regierung in Teheran erlaubte zunächst Inspektionen der IAEO und stellte die Urananreicherung vorübergehend ein. Im März 2004 forderte die IAEO Teheran auf, bis Juni alle Pläne und Informationen seines Atomprogramms offenzulegen. Der Iran kam dieser Forderung in der folgenden Zeit jedoch nicht nach.

2005

Mit der Wahl von Mahmud Ahmadinedschad im August 2005 zum Präsidenten der Islamischen Republik Iran verschärft sich der Konflikt um das iranische Atomprogramm. Der bisherige Chefunterhändler, Hassan Rowhani, ein gemäßigter Reformer, wurde im gleichen Monat seines Postens enthoben und durch Ali Laridschani, einen Reformgegner, ersetzt.

Im Dezember 2005 billigte Präsident Ahmadinedschad ein Gesetz, dem zufolge das Land die internationale Kontrolle ihrer Atomanlagen jederzeit verweigern darf. Unangemeldete Kontrollen der IAEO können demnach untersagt werden, sollten diese den UN-Sicherheitsrat einschalten. Die Hardliner in der Teheraner Führung fordern die Aufkündigung des Atomwaffensperrvertrags und bezeichnen ihn als »scheinheilig« und »doppelzüngig«. Sie verweisen einerseits auf das ursprüngliche Ziel des Vertrags, die globale nukleare Abrüstung voranzutreiben, andererseits auf das Verhalten der drei Atommächte Israel, Indien und Pakistan, die den Atomwaffensperrvertrag nicht unterzeichnet hätten.

Iran bestreitet die Anschaffung von Atomwaffen vehement. Das eigene Atomprogramm diene ausschließlich zur Umverteilung der Energieversorgung, besonders vor dem Hintergrund der Verdopplung der iranischen Bevölkerung in den vergangenen 20 Jahren und der weltweiten Sorge um eine Erschöpfung der Ölvorräte. Angesichts steigender Ölpreise sei es für den Iran auch wirtschaftlich von Interesse, mehr Öl zum Export zur Verfügung zu haben und Strom im Inland mit Atomkraft zu produzieren. Im Jahr 2005 verbrauchte der Iran ca. 40 Prozent seiner Ölförderung selbst.

Besonders die USA argumentieren hingegen, dass der Iran kein eigenes Atomprogramm brauche, da das Land über umfangreiche Öl- und Erdgasreserven verfüge und deren Ausbeutung billiger sei als die Bemühungen zur Gewinnung nuklearer Energie.

Der Iran beschuldigt die USA im Gegenzug, lediglich das seiner Auffassung nach illegale atomare Monopol Israels im Nahen Osten aufrechterhalten zu wollen. Präsident Mahmud Ahmadinedschad drohte in verschiedenen Reden wiederholt und öffentlich mit der Vernichtung des »zionistischen Regimes«.

Zwei wesentliche Argumentationen gegen ein iranisches Atomprogramm waren zum einen eine mögliche Machtverlagerung im Nahen Osten zugunsten des Iran und zum anderen die Ängste der Regierung in Israel. Weitere Begründungen waren sowohl die stark ausgeprägten fundamentalistischen Strukturen im Iran wie auch die in den meisten westlichen Medien als gesichert geltende Unterstützung militanter Gruppierungen wie der libanesischen Hisbollah durch Regierungskreise in Teheran.

Suche nach Kompromissen

Verschiedene Vorschläge der Europäischen Union und Russlands beinhalteten Lieferungen von nicht waffenfähiger Nukleartechnologie wie zum Beispiel Leichtwasserreaktoren an den Iran unter der Bedingung, dass alle Komponenten des Atomkreislaufs, die auch zu militärischen Zwecken eingesetzt werden könnten, an das Ausland abgegeben oder vernichtet werden. Diese Vorschläge wie auch der, eine Urananreicherung unter internationaler Aufsicht in Russland vorzunehmen, wurden von der iranischen Regierung Ende 2005 abgelehnt.

Der iranische Botschafter in Moskau Gholam-Reza Ansari begrüßte hingegen die Vorschläge des russischen Präsidenten Wladimir Putin, Uran in Russland anzureichern, ausdrücklich. Die Initiative könne internationale Besorgnisse über die nuklearen Ambitionen Teherans dämpfen. Unklar bleibt für zahlreiche Beobachter, ob die widersprüchlichen Signale vonseiten des Iran nicht doch Teil einer vielfach unterstellten Hinhaltetaktik sind.

2006

Ernste Provokationen

Als vorläufiger Höhepunkt des Streits wurden im Januar 2006 von der IAEO versiegelte Anlagen zur Urananreicherung vom Iran wieder in Betrieb genommen. Für den Fall der Anrufung des UN-Sicherheitsrats drohte das Land mit dem Abbruch aller Verhandlungen. Die mit der Streitschlichtung befassten Außenminister Großbritanniens, Frankreichs und Deutschlands sahen die Verhandlungen mit Teheran »an einem toten Punkt angekommen«.

Die IAEO konnte keine schlüssigen Beweise für die Existenz eines iranischen Atomwaffenprogramms vorlegen, wies jedoch mit Nachdruck darauf hin, dass der Iran in den vergangenen drei Jahren die friedlichen Zwecke seines Atomprogramms nicht glaubwürdig hatte belegen können oder wollen.

Frankreich lehnte eine Wiederaufnahme von Verhandlungen mit dem Iran ab, solange das Land sein umstrittenes Atomprogramm nicht »vollständig aussetzt«. Ein militärisches Eingreifen in dem Land hingegen bezeichnete der französische Generalstabschef Henri Bentégeat als einen schweren Fehler: »*Das wäre aus heutiger Sicht vollkommen verrückt*«, so Bentégeat in einem Hörfunkinterview.

Er warnte für einen solchen Fall vor einem »entsetzlichen Drama« im Nahen Osten, nannte jedoch zugleich die Vorstellung, das Regime in Teheran könnte sich in den Besitz von Atomwaffen bringen, einen »echten Albtraum«.

Stellungnahmen von Bundesnachrichtendienst und Bundeskriminalamt

Der deutsche Bundesnachrichtendienst BND unterrichtete Politiker in Berlin im Januar 2006 dahingehend, der Iran könnte innerhalb weniger Monate eine Atombombe bauen. Zudem würden im Iran zahlreiche weitere verborgene Einrichtungen vermutet – nach eigenen Erkenntnissen mindestens 20. Von diesen solle es auch verifizierte Satellitenaufnahmen geben. Schon im September 2005 hatte der israelische Außenminister davor gewarnt, der Iran könnte sich binnen eines halben Jahres das Wissen zum Bau einer Kernwaffe aneignen. Dem BND zufolge verfügten die – in Medienberichten nicht näher spezifizierten – Geheimdienste über Erkenntnisse, wonach der Iran versuche, Lasertechnologie auf dem internationalen Markt zu erwerben, die beim Bau moderner Raketen zum Einsatz kommen könnte.

Nach einem im Januar 2006 bekannt gewordenen vertraulichen Bericht des deutschen Bundeskriminalamts BKA und des Zollkriminalamts ZKA soll der Iran intensiv am Bau von ABC-Waffen arbeiten. Laut dem Nachrichtenmagazin Focus ist in dem Bericht auch von illegalen Rüstungstransfers deutscher Unternehmen die Rede. Wie es heißt, »verdichten sich Hinweise auf ein geheimes militärisches Nuklearprogramm« des Iran. Zollfahnder ermitteln demnach gegen sechs deutsche Firmen: Sie sollen via Russland Teile geliefert haben, die für den Bau des AKW Buschehr verwendet würden.

Das ZKA bestätigte Ermittlungen, wollte aber zu Einzelheiten keine Stellung nehmen. Für das Nuklear- und Trägersystem-Programm versuche die Islamische Republik jedoch, Material in Deutschland, Frankreich und Großbritannien zu beschaffen. Die Enttarnung entsprechender Beschaffungsorganisationen sei jedoch schwierig.

Diplomatische Aktivitäten

Die iranischen Behörden übergaben der russischen Botschaft in Teheran im Februar 2006 eine offizielle Benachrichtigung über ihre Absicht, noch im gleichen Monat eine Delegation zu Verhandlungen und Gesprächen zum iranischen Atomprogramm nach Moskau zu entsenden. Vorgeschlagen wurde auch die Gründung eines gemeinsamen Unternehmens für die Urananreicherung. Die iranische Regierung hatte zuvor in Teheran unterstrichen, dass diese Absichten nur als Ergänzung zur Anreicherung im Iran selbst verstanden werden sollten.

Der russische Außenminister knüpfte die Verhandlungen allerdings an Bedingungen und erklärte, der Iran müsse zunächst einmal die Urananreicherung im eigenen Land unbefristet einfrieren. Erst wenn der Iran wieder Vertrauen geschaffen habe, könne es Gespräche darüber geben, ob und wie das Land ein umfassendes Atomenergie-Programm aufbauen könne. Daraufhin begann der Iran, die eigene Anreicherung im industriellen Maßstab wieder selbst aufzunehmen.

Der britische Außenminister erklärte nun, der Iran habe jetzt noch einige Wochen Zeit, die Urananreicherung wieder zu stoppen. Ansonsten seien ernste Maßnahmen, die Sanktionen einschließen könnten, »so gut wie unvermeidlich«.

2007

Die fünf Veto-Mächte China, Russland, Frankreich, Großbritannien und die USA einigten sich am 31. Januar 2007 auf die Einschaltung des UN-Sicherheitsrats. Bevor das höchste Gremium der UN über konkrete Maßnahmen entscheide, werde man aber den Bericht vom 6. März 2007 abwarten, erklärten die Außenminister in London.

Nach Einschätzung der US-Geheimdienste Anfang Februar 2007 sei der Iran nicht im Besitz von Atomwaffen. Der Iran habe wahrscheinlich auch noch kein für die Atomwaffenproduktion notwendiges spaltbares Nuklearmaterial produziert oder erworben, sagte der US-Geheimdienstdirektor John Negroponte. Dennoch sei die Möglichkeit, dass der Iran Atomwaffen herstelle und Raketen damit ausstatte, ein »Grund zur äußersten Besorgnis«.

In einer Übereinkunft vom 21. August 2007 zwischen dem Unterhändler der Islamischen Republik Iran, Ali Laridjani, und der IAEO in Vertretung durch Mohammed El-Baradei wurden Vereinbarungen getroffen, die eine Zusammenarbeit im Bereich der Urananreicherung beinhalteten. Der Schwerwasserreaktor von Arak sollte besichtigt werden dürfen, fünf neue Inspektoren wurden von der IRI anerkannt, der Erteilung von 14 Einreise-Visa für Inspektoren wurde zugestimmt, die Plutonium-Experimente sollten beendet werden, die Quelle der Spuren von hoch angereichertem Uran sollte angegeben werden, entsprechende Modalitäten hierzu wurden festgelegt.

2008

Bei einem Besuch des IAEO-Generaldirektors Mohammed el-Baradei am 13. Januar 2008 in Teheran versprach der Iran, alle noch offenen Fragen zu seinem Atomprogramm zu klären – »und zwar innerhalb der kommenden vier Wochen«. Am 30. Januar 2008 verkündete Präsident Ahmadinedschad in einer vom staatlichen Fernsehen übertragenen Rede, dass »sein Land in einem Jahr über Atomenergie verfügen werde«.

Der EU-Außenbeauftragte Javier Solana übergab am 14. Juni 2008 in Teheran ein neues »Paket von Vorschlägen« an die iranische Regierung, das diese zur Aussetzung der Urananreicherung bewegen sollte. Darin stellte die Sechser-Verhandlungsgruppe China, Deutschland, Frankreich, Großbritannien, Russland und die USA dem Iran technische und finanzielle Hilfe zur Entwicklung der zivilen Atomenergie in Aussicht, darunter auch Atomreaktoren und Lieferungen von Kernbrennstoff. Bedingung sei jedoch, im Gegenzug die Urananreicherung auszusetzen.

Am 28. Juni 2008 bezeichnete der iranische Parlamentschef und ehemalige Chefunterhändler Ali Laridschani im staatlichen Fernsehen die jüngsten Vorschläge der sogenannten Sechser-Gruppe zur Lösung des andauernden Atomstreits als »leere Versprechungen«. Sie seien ein Versuch, zu verhindern, dass die iranische Nation ihr Recht auf die zivile Atomenergie wahrnehme.

Ein neuer Bericht der IAEO vom 19. September 2008 wirft dem Iran mangelnde Kooperation im Atomstreit vor. Demnach baue der Iran »zudem seine Urananreicherung weiter aus, sei aber noch weit davon entfernt, genug von dem Spaltmaterial für den Bau einer Atombombe zu produzieren«. Konkret soll der Iran aktuell 3.820 Zentrifugen betreiben. Weiterhin habe der Iran »mittlerweile 480 Kilogramm niedrig angereichertes Uran angehäuft. Für den Bau einer Atombombe wären 1.700 Kilogramm nötig, die dann hoch angereichert werden müssten«.

2009

Erste Brennstäbe-Fabrik
Anfang April 2009 gab Präsident Mahmud Ahmadinedschad die Eröffnung einer betriebsbereiten Uranfabrik in Isfahan bekannt, die unter anderem den 40-Megawatt-Forschungsreaktor in Arak mit Brennstäben versorgen soll. Weiteren Angaben zufolge verfügt das Land über 7.000 einsatzbereite Uranzentrifugen. Irans Atomprogramm habe damit die letzte Stufe erreicht.

Erneute Geheimdiensteinschätzung
Laut einem Bericht der New York Times vom 9. September 2009 hat der Iran nach Einschätzungen des amerikanischen Geheimdienstes inzwischen genügend Brennstoff beisammen, um schnell eine Atombombe bauen zu können. Vor dem Bau einer einsatzfähigen Atomwaffe müsste der Iran jedoch ein Sprengkopfsystem entwickeln oder einkaufen, das über die nötige Auslösetechnik für die Bombe verfügt. Die IAEA-Inspekteure zählten bei ihren letzten Besuchen in Irans Urananreicherungszentrum Natanz mehr als 8.000 Zentrifugen. Dem Untersuchungsbericht zufolge war die Hälfte davon in Betrieb.

Bei den Genfer Gesprächen der fünf UN-Vetomächte und Deutschland am 1. Oktober 2009 erklärte der iranische Unterhändler Saeed Dschalili »im Prinzip« die Zustimmung seines Landes, die Urananreicherung nach Russland zu verlagern. Der Iran bestehe jedoch auf seinem Recht zur Atomforschung. Das Land werde dabei aber seinen Verpflichtungen gemäß dem Atomwaffensperrvertrag nachkommen. Weiterhin kündigte der Iran die volle Kooperation mit der Internationalen Atomenergiebehörde IAEA an. Auch die kürzlich bekannt gewordene zweite Anreicherungsanlage in Qom dürfe nun inspiziert werden.

Bereits eine Woche später, am 7. Oktober, ging der Iran wieder auf

Konfrontationskurs gegenüber den USA und beschuldigte die amerikanische Regierung, in das mysteriöse Verschwinden des Kernphysikers Shahram Amiri verwickelt zu sein. Gleichzeitig stellte der Iran jede weitere zukünftige Zusammenarbeit infrage.

Abbruch der Gespräche
Am 1. Dezember 2009 gab Präsident Mahmud Ahmadinedschad bekannt, dass es keine weiteren Gespräche über das iranische Atomprogramm geben werde. Er sagte außerdem, dass der Iran sein Uran nicht im Ausland anreichern werde, da der Iran selbst über derartige Ressourcen verfüge.

2010

Sprengkopfpläne
Nach einem Bericht der Süddeutschen Zeitung vom 4. Februar 2010 besitzt der Iran Baupläne für einen fortgeschrittenen Atomsprengkopf. Die Pläne sollen von einem Wissenschaftler aus einem früheren sowjetischen Nuklearwaffenlabor stammen. Westliche Geheimdienste und Diplomaten bestätigten entsprechende Informationen aus einem Bericht, der den Kenntnisstand der Inspektoren der Internationalen Atomenergiebehörde zusammenfasst.

Urananreicherung auf 20 Prozent
Am 9. Februar 2010 kündigte ein Sprecher der iranischen Atomenergiebehörde an, mit der Anreicherung von Uran auf 20% zu beginnen. Die IAEA sei darüber am 8. Februar 2010 informiert worden.

Am 10. Februar 2010 kündigte daraufhin der amerikanische Präsident Barack Obama umfangreiche Sanktionen gegen den Iran an.

Am 11. Februar 2010 erklärte Präsident Mahmud Ahmadinedschad, dass der Iran erste Mengen von auf 20% angereichertem Uran in Natanz hergestellt habe. Das iranische Nuklearprogramm wäre jedoch unter völliger Aufsicht der Internationalen Atomenergiebehörde, und er fügte hinzu, dass der Iran die Fähigkeit zur Anreicherung von Uran auf ein Niveau von über 20 Prozent habe. Nuklearwaffen würden jedoch von denen gebaut, die nicht Unterzeichner des Atomwaffensperrvertrags seien.

Am 22. Februar 2010 gab der Leiter der iranischen Atomenergiebehörde, Ali Akbar Salehi, gegenüber der iranischen Nachrichtenagentur ISNA bekannt, dass der Iran zwei neue Urananreicherungsanlagen bauen würde; der Baubeginn solle nach dem 21. März stattfinden. Die Anreicherung will der Iran mittels einer neuen Generation von Zentrifugen herbeiführen.

Vier Resolutionen des UN-Sicherheitsrates

Der Sicherheitsrat der Vereinten Nationen hat am 29. März 2006 durch seinen Präsidenten den Iran aufgefordert, das Land müsse die Resolutionen der IAEO erfüllen.

- Mit der Resolution 1696 aus dem Jahr 2006 wurden dem Iran völkerrechtlich bindende Anweisungen diesbezüglich gegeben. Nachdem der Iran dieser Resolution nicht nachkam, verhängte das Gremium am 23. Dezember 2006 durch seine
- Resolution 1737 aus dem Jahr 2006 ein Embargo auf bestimmte Güter. Dabei handelte es sich um Material, Ausrüstungen, Dienstleistungen und sonstige Unterstützungen, die dem iranischen Atomprogramm dienen. Aus dem Bericht des Generaldirektors der IAEO vom 22. Februar 2007 ging hervor, dass der Iran auch weiterhin die Anordnungen der IAEO und der Resolutionen 1696 und 1737 nicht umgesetzt hatte. Deswegen erweiterte der Sicherheitsrat diese Sanktionen um eine Reihe von Institutionen und Privatpersonen und gab dem Iran sechzig Tage Zeit,
- die Resolution 1747 aus dem Jahr 2007 zu erfüllen. Alle diese Resolutionen wurden nach Kapitel VII der Charta der Vereinten Nationen verabschiedet und sind damit völkerrechtlich bindende und durchsetzbare Entscheidungen; die Verabschiedung erfolgte aber jeweils unter den Beschränkungen des Artikels 41 der UN-Charta, womit eine militärische Lösung zur Erfüllung der Resolutionen ausgeschlossen ist.
- Die Resolution 1803 aus dem Jahr 2008 vom 3. März 2008 bekräftigte die vorangegangenen Resolutionen und erweiterte

die Sanktionen auf den Handel mit Gütern, die sowohl für den zivilen als auch für den militärischen Bereich Anwendung finden können.

MILITÄRMACHT IRAN

Revolutionsgarden

Eine Auseinandersetzung mit dem Iran – unabhängig ob auf militärischer, psychologischer oder ökonomischer Basis – führt zwangsläufig zu einer Konfrontation mit den Revolutionären Garden.

Aufgestellt 1979 als »Armee der Wächter der Islamischen Revolution«, sollten sie nach der Revolution Irans neue Führer schützen. Sie verfügten anfangs über 10.000 Mann, während des Ersten Golfkrieges zwischen dem Irak und Iran 1980–1988 entwickelten sich die Garden zur militärischen Eliteeinheit mit bis zu 500.000 Mann unter Waffen.

Die Organisation wurde von Ayatollah Chomeini gegründet mit dem Ziel, die vielen paramilitärischen Gruppierungen im Iran, bestehend aus Mitgliedern der islamischen Studentenbewegung und radikalen, meist jugendlichen Anhängern Chomeinis, den Hezbollahi, zu einer dem Regime gegenüber loyalen Einheit zusammenzufassen. Inzwischen haben sich die Revolutionären Garden zu einem militärischen Eliteverband entwickelt, der über die drei klassischen Teilstreitkräfte und eine traditionelle militärische Kommandostruktur verfügt. Außerdem nehmen die Revolutionären Garden Geheimdienstaufgaben innerhalb und außerhalb des Iran wahr und verfügen mittlerweile über beträchtlichen politischen Einfluss.

Unter den insgesamt 545.000 Mann starken Streitkräften der Islamischen Republik Iran stellen die Revolutionären Garden heute mit 125.000 Mitgliedern nach dem Heer (350.000) und vor der Luftwaffe (52.000) sowie der Marine (18.000) das zweitstärkste Kontingent. Die Garden selbst sind wiederum in Land-, See- und Luftstreitkräfte unterteilt. Die Revolutionären Garden gelten als Staat im Staate, haben engste Kontakte zu Wirtschaft und Politik und kontrollieren maßgebend die wichtige Ölindustrie des Landes. Sie sollen in das iranische Atomprogramm eingebunden sein und werden verdächtigt, unter anderem Aufständische in Afghanistan, im Irak, im Sudan und anderen Ländern sowie die Hisbollah im Libanon mit Waffen und Ausbildern zu unterstützen.

Auch der amtierende Präsident kommt aus ihren Reihen: Mahmud Ahmadinedschad gehörte ab 1986 einem Sonderkommando der Garden an. Im iranischen Kabinett sind 13 der 21 Ministerposten mit ehemaligen Kommandanten der Revolutionsgarde besetzt, dazu gehört auch das Geheimdienstministerium. Ahmadinedschad selbst erreichte ebenfalls den Rang eines Kommandanten. Zahlreiche hohe Offiziere sind verwandtschaftlich mit Angehörigen der hohen islamischen Geistlichkeit verbunden. Zudem kontrollieren die Revolutionsgarden zahlreiche Unternehmen mit erheblicher wirtschaftlicher Bedeutung und haben daneben die Aufgabe, mögliche gegnerische politische Gruppen zu bekämpfen. Am 25. Oktober 2007 erklärte die US-Regierung die iranischen Revolutionsgarden zur terroristischen Vereinigung.

Wirtschaftliche Verflechtungen

Die Iranische Revolutionsgarde ist wirtschaftlich auf fast allen Gebieten aktiv und trotz paramilitärischer Struktur der größte Unternehmer des Landes. Sie unterliegt keiner Steuerpflicht, zahlt bei der Einfuhr von Waren und Gütern keine Zollgebühren und ist nur dem obersten Revolutionsführer zur Auskunft verpflichtet. Alle See- und Flughäfen werden von den Garden kontrolliert, das gilt insbesondere für den größten iranischen Containerhafen in Bandar Abbas. Seit der Präsidentschaft Mahmud Ahmadinedschads hat die Organisation Konzessionen für mehrere Großprojekte erhalten, unter anderem für die Erweiterung der Ölanlagen, einen Pipelinebau und für den Ausbau der Teheraner U-Bahn. Allgemein wird das industrielle Projektengagement in den vergangenen Jahren auf über 1.000 erhaltene Aufträge geschätzt. Aktuell soll die Revolutionsgarde etwa weitere 250 Projekte abwickeln.

Zu den Unternehmen, die von den Revolutionären Garden kontrolliert werden, gehört auch die Unternehmensgruppe »Khatam al-Anbia«. Die Holding beschäftigt mehrere Zehntausend Iraner, führt große Infrastrukturprojekte durch, baut Öl- und Gasanlagen, Straßen, Eisenbahnen und Tunnel, Ölleitungen und Flughäfen. Ende April 2009 erwarb die zu Khatam al-Anbia gehörende Firma Sepanir einen

Anteil von 51 Prozent an Sadra, der größten Werft Irans. Der Anteil des militärischen Sektors an den Projekten wird auf 70% geschätzt. Khatam al-Anbia steht seit dem 24. Juni 2008 auf der EU-Sanktionsliste gegen den Iran.

Weitere Unternehmen im Besitz oder unter Kontrolle der Revolutionsgarden:

- Oriental Oil Kish
- Ghorb Nooh
- Sahel Consultant Engineering
- Ghorb-e Karbala
- Sepasad Engineering Co
- Omran Sahel
- Hara Company
- Gharargahe Sazandegi Ghaem

Telekommunikation und Medien

Im Juni 2009 begannen die Proteste der iranischen Opposition gegen die Präsidentschaftswahlen. Seitdem weiten die Revolutionsgarden die Kontrolle über den Medien- und Telekommunikationsbereich massiv aus. Im Oktober 2009 kaufte das von ihnen kontrollierte Firmenkonsortium Etemad-e-Mobinein 50% der Aktien der iranischen Telekommunikationsgesellschaft (TCI) für 5,3 Milliarden Euro von der Regierung. Mit diesem Kauf bekamen die Revolutionsgarden eine effektive Kontrolle über das nationale Festnetz, alle iranischen Internetprovider sowie zwei Mobilfunkgesellschaften. Für 2010 ist die Gründung einer eigenen Nachrichtenagentur der Revolutionsgarden unter dem Namen »Atlas« geplant.

Militärische Struktur

Nach letzten Schätzungen verfügen die Revolutionsgarden über 21 Infanterie- und drei Pionier-Divisionen sowie 15 eigenständige Infanterie-Brigaden, 21 Flugabwehr-Brigaden, insgesamt 42 gepanzerte Artillerie- und ABC-Abwehrbrigaden sowie über mehrere Spezial-Einsatzgruppen.

Die Marineabteilung der Revolutionsgarden verfügt über rund 40 leichte Patrouillenboote und seit 2002 auch über zehn chinesische Raketenschnellboote der Houdong-Klasse mit rund 800 russischen Anti-Schiff-Raketen des Typs C-801. Darüber hinaus betreiben die Garden vermutlich fünf bis sieben Abschusseinrichtungen für Seezielraketen an der Golfküste. Die Ukraine hat Anfang der 90er-Jahre dem Iran weitere acht russische Anti-Schiff-Raketen vom Typ SS-N-22 Sunburn geliefert, chinesische Hochgeschwindigkeits-Raketenkatamarane wurden dazu gekauft.

Im Jahr 2003 erwarb die Luftwaffe der Revolutionären Garden rund zehn russische Erdkampfflugzeuge vom Typ Su-25 Frogfoot. Darüber hinaus befinden sich rund zehn brasilianische Erdkampfflugzeuge des Typs Embraer Super Tucano/ALX, bis zu 45 Schweizer Pilatus-PC-7-Ausbildungsflugzeuge und 20 russische Hubschrauber des Typs Mi-17 in ihrem Arsenal. Als Transportflugzeuge stehen 20 chinesische Yunshuji-12 und französische Dassault Falcon 20 sowie 15 russische Iljuschin Il-76 aus irakischen Beständen und zwölf russische Antonow An-74 zur Verfügung. Auch die iranischen Raketen des Typs Shahab-3 unterstehen dem Befehl der Garden.

Stützpunkte

- TEHERAN und Umgebung: Imam-Ali-Kaserne, Mostafa-Khomeini-Kaserne, Hezbollah-Kaserne, Lavizan-Schule, Abyek-Schule, Eezeh-Ausbildungskaserne
- QOM und Umgebung: Ali-Abad-Kaserne, Imam-Sadeq-Kaserne, Beit-ol-Moqaddas-Universität, Fateh-Qani-Hosseini-Kaserne
- AHVAZ: Abuzahr-Kaserne, Navvab-Safavi-Schule, Ghayour-Asli-Kaserne
- MAHSHAHR: Crate-Camp-Kaserne, Darvish-Schule
- KARADSCH: Bahonar-Kaserne
- DEZFUL: Kothar-Ausbildungskaserne
- KERMANSHAH: Qazanchi-Schule

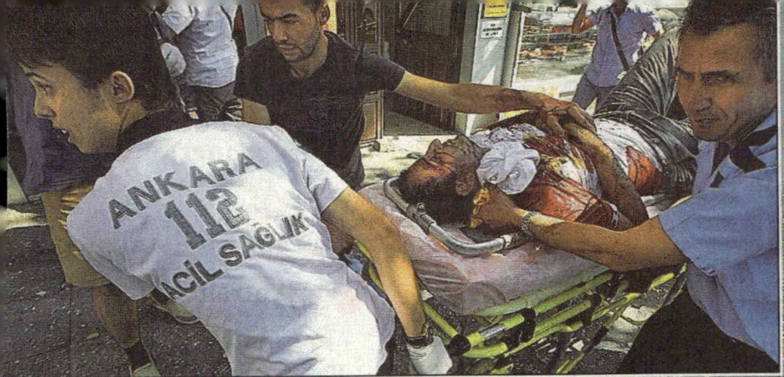

Horrorszenen nach der Explosion in der türkischen Hauptstadt Ankara – drei Menschen starben, 15 wurden verletzt.

Autobombe im Regierungsviertel von A

Terroranschlag i

bis Jahresende fertig

startet mit Sparpaket

Foto: Peter Tomschi

-Duo G. Ofner (li.) und J. Jäger

Business line

IWF senkt Prognose

Der IWF (Internationaler Währungsfonds) senkt seine Prognosen für das Wachstum 2012 in Österreich auf 1,6 Prozent.

Schweiz leidet

Der hohe Frankenkurs macht der Schweizer Wirtschaft immer mehr zu schaffen. Im August gingen die Ausfuhren erstmals seit vielen Monaten um 4,1 Prozent zurück.

Österreicher prüfen Klagen gegen Ungarn

Budapest/Wien. – Ungarn hat den Umtausch von Frankenkrediten mit 20% Abschlag beschlossen, bis Ende des Jahres kann man sich anmelden, muss allerdings binnen 60 Tagen die volle Kreditsumme bezahlen. Österreich prüft nun die Möglichkeit von Klagen gegen dieses seltsame Gesetz.

:koppelung der Mieten von der Inflation:

schon wieder teurer!

Produktivität zu gering ● Skylink-Kläger

Neues Flughafen-Duo: Personalabbau und 3

Wien (m.s.). – Seit 12 Tagen ist das neue Vorstandsduo beim Flughafen Wien im Amt und wartet gleich mit überraschenden Ankündigungen auf: Die Produktivität müsse um 20% gesteigert, das Personal reduziert werden, ein Aufnahmestopp wurde verfügt. Der Skylink geht im Juni 2012 in Betrieb.

Auf Julian Jäger und Günther Ofner wartet viel Arbeit. Sie müssen Kosten reduzieren und den Flughafen darauf vorbereiten, dass die Passagierzahl bis 2020 um ein Drittel steigen dürfte. Der Personalstand (4200 Beschäftigte) in Relation zum Umsatz sei aber zu hoch, so die neue Erkenntnis. Kündigungen will man vermeiden. Wie viel Mitarbeiter man brauche, hänge vom Tempo des Wachstums ab. Eine 3. Piste ist vor 2015 kein Thema, weil das Verfahren erst in der ersten Instanz ist.

Der Skylink soll wie geplant im Juni 2012 in Betrieb gehen und „deutlich weniger" als die befürchteten 800 Mio. € kosten. Bis Jahresende werden jene Lieferanten geklagt, die nicht die vereinbarten Leistungen gebracht haben. Ofner erhofft sich daraus einen zweistelligen Millionenbetrag.

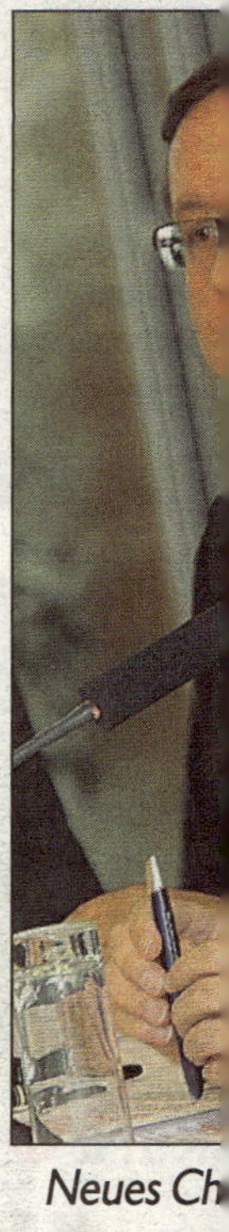

Neues Ch

AK-Chef fordert Er

Wohnen

Jungunternehmer zeigen wieder mehr Optimis-

21.9.11

nkara ● Drei Todesopfer und 15 Verletzte

n Herz der Türkei

- NAHAVAND: Nahavand-Schule
- ILAM: Amir-ol-Mohmenin-Kaserne

Unterorganisationen

Al-Quds-Brigade

Die Al-Quds-Brigade hat die Aufgabe, durch verdeckte Operationen und klassische Geheimdienstaktivitäten dem Iran nahestehende Bewegungen zu fördern. Die Brigade ist unterteilt in verschiedene Einheiten, denen jeweils eine Region zugeteilt ist. Im Fokus liegen Irak, Libanon, palästinensische Autonomiegebiete und Jordanien, Afghanistan, Pakistan, Indien, Türkei, Arabische Halbinsel, Nordafrika, Europa sowie Nordamerika. Angehörige der Einheit halten sich auch als diplomatisches Personal in iranischen Auslandsvertretungen auf.

Die Unterstützung erfolgt durch Finanzierung, Ausbildung und Bereitstellung von Waffen und Gerät. Neben Verbindungen zu proiranischen Strömungen innerhalb der Hamas bestehen auch Kontakte zum sunnitischen Palästinensischen Islamischen Dschihad. Darüber hinaus wird die Al-Quds-Brigade für spezielle Operationen im Ausland eingesetzt. Sie wurde Anfang der 1990er-Jahre aufgestellt und erreichte vermutlich bis Ende 2006 eine Zahl von ca. 5.000 Mann. Anfang 2007 gab der iranische Nationale Sicherheitsrat bekannt, dass die Stärke der Al-Quds-Brigade auf 15.000 Mann erhöht werden soll.

Basidsch

Nach der Islamischen Revolution 1979 gründete Ajatollah Chomeini die streng religiösen Basidsch-Volksmilizen. Formal unterstehen diese den Revolutionsgarden. Unabhängigen Schätzungen zufolge beträgt die Zahl ihrer Mitglieder bis zu drei Millionen, mindestens 250.000 haben eine militärische Grundausbildung absolviert. Die Miliz kann nach eigenen Angaben im Krisenfall unmittelbar auf eine Million Kämpfer verstärkt werden. Die meisten Freiwilligen sind junge Männer, aber auch Zwölfjährige werden schon rekrutiert. Es existieren inzwischen auch Frauen-Einheiten. Die seit 1993 aufgestellten Ashura-Einheiten innerhalb der Milizen sind speziell auf die Niederschlagung von Unruhen und Aufständen im Inland ausgerichtet. Sie sollen rund 17.000 Männer und Frauen umfassen.

Die Milizen verfügen über ein stark dezentralisiertes Netzwerk und haben ihre Büros in fast allen Moscheen des Landes. In Teilen der Bevölkerung sind die Basidsch sehr populär, nicht zuletzt wegen ihrer Opfer im Ersten Golfkrieg 1980–1988 gegen den Irak. Dort liefen fanatische Anhänger als »menschliche Welle« zu Tausenden über die Minenfelder, um den Weg für die regulären Truppen frei zu machen. Unter ihnen befanden sich auch viele Kinder und Jugendliche.

Seit 1988 wurde die Hauptaufgabe neben der Katastrophenhilfe vermehrt der Schutz des Regimes vor Gegnern im Innern. Etwa ein Viertel der Milizionäre ist im Besitz von Schusswaffen. In Betrieben, Schulen und bei Straßenkontrollen prüfen sie, ob die strengen Regeln der Islamischen Republik befolgt werden.

Die Revolutionsgarden und die Hisbollah im Libanon

1982 wurden bis zu 2.000 Kämpfer der Iranischen Revolutionsgarde im Libanon stationiert. Sie sollten dort schiitische Milizen während des Libanesischen Bürgerkriegs unterstützen und die Islamische Revolution nach iranischem Vorbild verbreiten.

Die Revolutionsgarde errichtete ihre Trainingslager in der Bekaa-Ebene, von wo aus sie unter dem Namen »Hezbollah« oder »Islamische Dschihad-Organisation« Operationen gegen die vorrückende israelische Armee im Südlibanon und gegen die christlichen Falange-Milizen in Beirut durchführte. Libanesische Kämpfer, die sich später zur Hisbollah formierten, wurden von der Iranischen Revolutionsgarde militärisch und ideologisch ausgebildet.

Die libanesische Hisbollah gilt ebenfalls als Unterorganisation der Revolutionsgarde und beschäftigt bis heute mehrere Angehörige sowie ranghohe iranische Offiziere der Al-Quds-Brigaden als Militärberater und Strategen in ihren Reihen.

Streitkräfte

Die Streitkräfte des Iran sollen die territoriale Integrität gewährleisten und im Bedarfsfall verteidigen. Neben der klassischen Landesverteidigung erfüllt das Militär mit der Sicherung von Staatsform und -regierung sowie dem Schutz der geistlichen Führungselite auch eine innenpolitische Rolle.

Die Gründung lässt sich zurückverfolgen bis zu Reza Kahn, dem späteren Reza Schah Pahlavi. Vor seiner Regentschaft gab es im Iran eine persische Gendarmerie, die von schwedischen Offizieren geführt wurde, eine persische Kosakenbrigade mit russischen Offizieren an der Spitze und ein von der österreichisch-ungarischen Militärmission in Persien aufgebautes Korps. Reza Kahn hatte als Verteidigungsminister unter Premierminister Ahmad Qavam im Dezember 1921 eine Parlamentskommission gegründet, die die Grundstruktur der neuen iranischen Armee ausarbeitete. Mit Tagesbefehl vom 5. Januar 1922 wurden sämtliche bis dahin vorhandenen Einheiten in die neu gegründete iranische Armee überführt. Von Beginn an förderte Reza Schah die Ausbildung iranischer Offiziere an europäischen Militärakademien, vor allem in Frankreich an der Militärschule Saint-Cyr.

Im Zweiten Weltkrieg wurde der Iran im Rahmen der anglo-sowjetischen Invasion im August 1941 von britischen und sowjetischen Truppen besetzt. Die Niederlage der iranischen Armee führte zur Abdankung Reza Schahs zugunsten seines Sohnes Mohammad Reza Pahlavi. Die Sicherung des persischen Korridors, der während des Zweiten Weltkrieges dem Transport von militärischer Ausrüstung an die Rote Armee diente, wurde von US-amerikanischen Truppen, dem Persian Gulf Command, übernommen. Nach der Irankrise des Jahres 1946 und dem Ausbruch des Kalten Krieges sagte US-Präsident Harry S. Truman »*allen Völkern, deren Freiheit von militanten Minderheiten oder durch einen äußeren Druck bedroht ist*«, Beistand zu. Die als Truman-Doktrin bekannt gewordene Erklärung war der Beginn der Militärhilfe für den Iran.

Damit wuchs der Einfluss von US-Militärberatern auf die iranische Armee. Zahlreiche iranische Offiziere studierten an Militärakademien in den USA. Ihren Höhepunkt erreichte die amerikanische Militärhilfe von 1973 bis zur Islamischen Revolution 1979. In diesen sechs

Jahren waren viele Beraterteams im Land aktiv, sodass der Iran über die größte US-Militärberatermission der Welt verfügte. Gleichzeitig stieg auch die Mannschaftsstärke der iranischen Armee deutlich an. Die gesamte Militärhilfe der USA für den Iran wird auf rund 1,4 Milliarden US-Dollar geschätzt.

Im Zentrum der materiellen Aufrüstung stand die Luftwaffe, die am Ende der Schah-Ära die modernste Teilstreitkraft war. Zwischen 1950 und 1979 wurden rund 11.000 Angehörige des iranischen Militärs in den USA geschult. Im gleichen Zeitraum exportierten die Vereinigten Staaten Rüstungsgüter im Wert von rund 10,7 Milliarden Dollar in den Iran. 1977 wurde der zentrale iranische Militärhafen von Khorramshahr nach Bandar Abbas verlegt.

Die Islamische Revolution führte 1979 zu einer massiven Desertationswelle, bei der alleine das Heer schätzungsweise 60 Prozent seiner Angehörigen verlor. Nachdem die Revolution die Verbindungen zwischen den USA und dem Iran unterbrochen und die US-Regierung ein Waffenembargo verhängt hatte, wurde die Sowjetunion zum wichtigsten militärischen Partner des Landes. US-Quellen schätzen den Wert der Waffengeschäfte zwischen dem Iran und der Sowjetunion beziehungsweise Russland von 1979 bis 2005 auf zwei bis vier Milliarden Dollar.

Dennoch kaufte der Iran weiter amerikanische Waffensysteme sowie Ersatzteile und Munition für die zahlreichen sich in seinem Besitz befindlichen Systeme aus US-Quellen. Diese Geschäfte wurden unter anderem über Israel sowie europäische und südamerikanische Länder abgewickelt.

Seit 1979 verhinderten US-Behörden amerikanische Waffenverkäufe an den Iran in Höhe von rund zwei Milliarden Dollar. Allerdings betrieb die US-Regierung weiter inoffizielle Geschäfte, die später unter der Bezeichnung Iran-Contra-Affäre bekannt wurden. Im Detail ging es um Einnahmen aus Waffenverkäufen an den Iran, die an die rechtsgerichteten Contras in Nicaragua weitergeleitet wurden, um diese beim Krieg gegen die sandinistische Regierung zu unterstützen. Von August 1985 bis Oktober 1986 wurden so insgesamt 2.515 TOW-Panzerabwehrsysteme sowie 258 HAWK-Flugabwehrsysteme bzw. deren Teile an den Iran geliefert.

Mitte der 80er-Jahre lösten die Volksrepublik China und Nordkorea die Sowjetunion als wichtigsten Rüstungspartner des Iran ab. Die genaue Größe dieser Waffengeschäfte ist bis heute unbekannt. Auch westeuropäische Staaten waren trotz des Embargos in mehr oder weniger offizielle Waffengeschäfte mit dem Iran involviert.

Von 1980 bis 1988 bekämpften sich der Iran und der Irak im Ersten Golfkrieg. Armee und Revolutionäre Garden wuchsen von 235.000 Mann im Jahr 1982 auf eine Stärke von 704.500 Mann im Jahr 1986.

Im September 2006 bezeichnete General John Abizaid, damaliger Chef des United States Central Command, den Iran als stärkste Militärmacht im Nahen Osten, mit Ausnahme Israels und den USA.

Einschätzung

Das iranische Militär befindet sich nach wie vor in einer Aufbauphase, in der das Land versucht, die Verluste durch den Ersten Golfkrieg wieder auszugleichen. US-Schätzungen gehen davon aus, dass der Irak in den acht Kriegsjahren fast die Hälfte der iranischen Militärkapazität vernichtete, sowohl Soldaten als auch Material.

Was die Mannschaftsstärke betrifft, ist der Prozess der Wiederherstellung der Schlagkraft weitgehend abgeschlossen. Ähnliches dürfte auch für bodengebundene Waffensysteme gelten. Dem Iran geht es heute vor allem um Modernisierung und weniger um zahlenmäßige Aufrüstung. Noch nicht ausgeglichen sind die Materialverluste durch den Krieg bei der Luftwaffe und auch bei den größeren Überwassereinheiten der Marine. Hier ist der Iran für ein Land seiner Größe unterbewaffnet. Neben den Kriegsverlusten sind vor allem die Ausfuhrbeschränkungen zahlreicher Staaten der Grund für diesen Zustand. Ein Großteil der vorhandenen Waffensysteme stammt aus US-Waffenhilfen vor 1979 und in neuerer Zeit aus Waffengeschäften mit Russland und der Volksrepublik China.

Strategie und Ideologie

Die iranische Militärstrategie umfasst mehrere Komponenten. Auf ideologischer Ebene spielt die Islamische Revolution von 1979 eine entscheidende Rolle. Der Iran versteht sich analog zu seiner theokratischen Staatsform als einziges Land, in dem ein auf den Islam ausgerichtetes religiöses und staatliches Gemeinwesen vollständig verwirklicht wurde.

Damit sieht sich das Land als Gegenpol zu allen anderen Staaten der Welt, die entweder nicht islamisch sind oder in deren politischer und gesellschaftlicher Struktur dem Islam aus der Sicht des Iran nicht die gebührende Achtung entgegengebracht wird. Als Konsequenz haben die Streitkräfte somit unter anderem die Aufgabe, die besondere Staatsform des Iran zu verteidigen. Besonders in den Jahren nach der Islamischen Revolution spielte dieser Auftrag vor allem für die Revolutionären Garden und die vom Iran unterstützten paramilitärischen Kräfte in der Region eine wichtige Rolle.

Eine gravierende Konstante der iranischen Außenpolitik bleibt die Feindschaft zu Israel, dessen Vernichtung seit der Islamischen Revolution zwar mit schwankendem Nachdruck, trotz allem aber ständig proklamiert wird. Die offizielle iranische Politik betrachtet Israel als widerrechtlich errichtetes »zionistisches Gebilde«. Die Abgrenzung der vor allem aus Persern bestehenden iranischen Bevölkerung gegenüber den ethnisch unterschiedlichen Nachbarn ist eine weitere Quelle für mögliche anstehende Konflikte und damit in letzter Konsequenz ein brisantes sicherheits- und verteidigungspolitisches Thema.

Geopolitische Besonderheit

Auf geopolitischer Ebene war der Irak nach dem Zerfall der Sowjetunion der einzige verbliebene potenzielle Gegner des Iran, auf den sich die meisten Verteidigungs-Planspiele bezogen.

Nach dem Dritten Golfkrieg hat sich dieses Feindbild weitestgehend aufgelöst. An seine Stelle trat die militärische Präsenz der USA im Irak und in Afghanistan, die vom Iran als massives Bedrohungspotenzial empfunden wird. In diesem Zusammenhang wird dem alten Ansatz der Verteidigung des Islam wieder eine neue Bedeutung zugewiesen – die USA werden jetzt als Gegner der gesamten islamischen Welt wahrgenommen. Ähnlich ist das iranische Bild von Israel geprägt. Beiden Staaten wird vorgeworfen, dass sie eine Fremdherrschaft über die islamische Welt errichten wollten. Der Iran sieht sich daher heute als Verteidiger und Befreier der gesamten islamischen Staatengemeinschaft, auch mit militärischen Mitteln.

Bedingt durch die lange Küstenlinie auf einer Länge von über 2.000 Kilometern ist der Persische Golf für den Iran von zentraler Bedeutung. Neben den klassischen logistischen Herausforderungen ist der Golf die wichtigste Wasserstraße für den Erdöltransport. Militärisch wird er im Fall eines Krieges als eines der strategischen Angriffsziele bewertet und spielt somit eine wichtige Rolle in der iranischen Landesverteidigung.

Operative Ebene

Während der vergangenen 20 Jahre hat sich die operative Strategie des Iran verändert. Im Krieg gegen den Irak wurde in erster Linie noch auf zahlenmäßige Überlegenheit und hohe Motivation durch religiöse Fanatiker in materiell schlecht ausgestatteten Truppen gesetzt, was als Konsequenz erhebliche eigene Verluste zur Folge hatte.

Seit 1990 legt die militärische Führung großen Wert auf eine bessere technische Ausrüstung und intensivere Ausbildung der Truppen. Dieser Wandel zeigt sich vor allem in der Entwicklung der Iranischen Revolutionsgarde von einer wenig strukturierten, revolutionär begeisterten Miliz hin zu einer absolut effektiven Militärorganisation mit qualitativ überdurchschnittlicher Bewaffnung. Das Element der Massenarmee scheint auf Dauer nur in den paramilitärischen Milizen vorhanden zu bleiben, während die Revolutionären Garden trotz Handels- und Boykottsanktionen vieler Staaten gegen den Iran den Anspruch erheben, zu einer modernen, hoch technisierten Truppe zu werden.

Die Möglichkeiten eines militärischen Angriffskrieges über weite Entfernungen sind wegen fehlender Luft- und Seetransportfähigkeiten noch begrenzt, sodass der Iran auf Operationen innerhalb der eigenen Grenzen und im grenznahen Raum beschränkt bleibt. Dabei spielen mögliche Operationen im Persischen Golf eine besondere Rolle.

Zur Demonstration militärischer Stärke über weite Distanzen

kann der Iran allerdings auf sein Raketenarsenal und die Unterstützung irregulärer Kämpfer außerhalb des Landes zugreifen. Die wenigen bekannten iranischen Quellen lassen darauf schließen, dass diese beiden Möglichkeiten im Fall eines US-Angriffes gemeinsam mit einer Guerillataktik im eigenen Land eine entscheidende Rolle spielen werden. Demnach würde der Iran mit einer Ausweitung des Kampfgebiets reagieren, was Raketenangriffe, möglicherweise mit B- und C-Waffen, auf US- und israelische Ziele sowie eine Aktivierung irregulärer und terroristischer Verbündeter vor allem im Nahen Osten und in Teilen Westeuropas bedeuten würde.

Organisation

Der militärische Oberbefehl liegt allein beim Revolutionsführer. Er besitzt die Vollmacht, Krieg und Frieden zu erklären sowie den Generalstabschef und die Befehlshaber der Teilstreitkräfte zu berufen oder zu entlassen. Oberstes Gremium ist der Nationale Sicherheitsrat. Dieser arbeitet die Sicherheitspolitik und Militärstrategie im Rahmen der Vorgaben des Revolutionsführers aus, befasst sich aber auch mit allen anderen Politikfeldern, die mittelbar oder unmittelbar mit Verteidigung und innerer Sicherheit zu tun haben. Das iranische Geheimdienst- und Sicherheitsministerium ist mit mehr als 15.000 Angestellten für die regulären Streitkräfte und seit einer grundlegenden Reform 1989 auch für die Revolutionären Garden zuständig.

Operative Entscheidungen werden vom Generalstabschef und den nachrangigen militärischen Befehlshabern getroffen. Der Generalstab setzt sich aus den Kommandeuren der Teilstreitkräfte sowie der Revolutionären Garden, der nationalen Polizei und der Gendarmerie zusammen. Das Gremium ist nach dem Vorbild der Generalstäbe in NATO-Ländern aufgebaut, verfügt aber auch über eine politisch-ideologische Abteilung.

Landstreitkräfte

Das Heer verfügte im Jahr 2009 über eine Sollstärke von geschätzten 450.000 Mann, 320.000 davon waren Wehrpflichtige. Die drei Hauptquartiere befinden sich in Teheran, Isfahan und Schiraz. Die Gliederung umfasst vier bis fünf Korps, die aus Infanterie-Divisionen, zwei Fallschirmjäger-Divisionen, einer Spezialeinheiten-Division, zwei Kommando-Divisionen, vier Artilleriegruppen und einem Luftunterstützungskommando bestehen. Dazu kommen eine Logistik- und eine Raketenbrigade. Die 23. Spezialeinheiten-Division ist vermutlich die kampfstärkste Einheit des Heeres. Sie gliedert sich in vier Brigaden auf und umfasst schätzungsweise 7.000 Soldaten, unter denen sich keine Wehrpflichtigen befinden.

Ausrüstung

Vorsichtigen Schätzungen zufolge verfügt der Iran über mehr als 1.600 Kampfpanzer, die meisten davon vom sowjetischen Typ T-54 und T-72, daneben Panzer vom Typ M47, M60A1, Chieftain Mk-3 und Mk-5 sowie die Eigenentwicklung Zulfiqar. Dazu kommen etwa 1.200 Schützenpanzer der Typen BMP 1 und BMP 2 sowie BTR-60 und M113. Unter der Bezeichnung Boragh und Cobra wurden eigene gepanzerte Mannschaftstransporter entwickelt, von denen rund 140 vorhanden sind.

Bei den 2.300 nicht selbst fahrenden Geschützen machen knapp 1.200 Haubitzen vom Typ M-46 und rund 540 vom Typ D30 den Hauptanteil aus. Die rund 310 Selbstfahr-Lafetten sind vor allem vom Typ M-109 und 2S1. Die selbst gebauten Panzerhaubitzen der Typen Raad-1 und Raad-2 sind an sowjetischen bzw. US-amerikanischen Vorbildern orientiert und werden vermutlich seit Anfang 2000 an die Streitkräfte ausgeliefert. Dazu kommen rund 5.000 Mörser verschiedener Kaliber. Bei der Raketen-Artillerie sind rund 700 Stück 12-Rohr-Werfer vom chinesischen Typ 63 (107 Millimeter) im Einsatz sowie rund 170 Raketenwerfer anderer Bauart, davon mehrere Eigenentwicklungen in kleinen Stückzahlen. Ein Teil der Modelle kann chemisch oder biologisch bestückte Gefechtsköpfe tragen.

Das Potenzial an Panzerabwehrraketen besteht aus 50 bis 75 TOW- und 20 bis 30 M47-Dragon-Werfern sowie 100 bis 200 AT-4 Spigot. Eine Kopie der AT-3 Sagger stellt der Iran selbst her. Dazu kommen eine größere Zahl verschiedener kleinerer Panzerabwehrwaffen der RPG-Serien sowie verschiedene rückstoßfreie Waffen aus westlicher und sowjetischer Produktion. Die modernsten Panzerabwehrraketen sind vom Typ AT-13 Saxhorn-2.

Die Heeresflieger-Abteilung ist relativ klein und verfügt über rund 100 Transporthubschrauber und rund 50 Bell AH-1 in der Seekriegsversion. Darüber hinaus verfügt die Armee über rund 1.700 Flugabwehrgeschütze. Die etwa 100 radargelenkten Flugabwehrgeschütze vom Typ ZSU-23-4 sind die modernsten Waffen dieser Kategorie. An tragbaren Flugabwehrwaffen existiert eine große Zahl von Strela-2-MANPADS, die auch in eigener Produktion nachgebaut werden, sowie importierte Strela-3.

Seestreitkräfte

Die Stärke der Marine betrug 2009 schätzungsweise 18.000 Mann, davon etwa 3.000 Mann in zwei Marine-Infanteriebrigaden und 2.000 Mann als Marineflieger. Bei dem Großteil der übrigen Marinesoldaten handelt es sich um stationierte Infanteristen auf den Inseln des Persischen Golfs. Die Marine ist damit vergleichsweise klein, wird aber seit 2001 aufgerüstet und modernisiert.

Im Bau befindet sich eine große Marinebasis in Bandar Beheshti, die zum neuen Herzstück der iranischen Seestreitkräfte werden soll. Derzeit sind die großen Überwassereinheiten in Bandar Abbas stationiert, dem wichtigsten Kriegshafen und zugleich Standort der militärischen Werften des Iran. Strategisches Ziel ist die Kontrolle des Persischen Golfs mit seinen wichtigen Verkehrswegen vor allem für Öltanker. Dementsprechend ist die Marine geostrategisch in fünf Operationszonen gegliedert, drei davon im Persischen Golf.

Schätzungen zufolge verfügt die iranische Marine heute über drei Diesel-elektrische Kilo-U-Boote aus russischer, vier Zerstörer und drei Fregatten aus britischer und zwei Korvetten aus US-Produktion sowie rund 20 Raketen- und 170 Patrouillenboote. Die drei mittelgroßen Landungsschiffe können bis zu 350 Mann und 30 gepanzerte Fahrzeuge transportieren. Dazu kommen zehn kleinere Landungsschiffe, fünf Minenräumboote, sechs Luftkissenboote und 26 Versorgungs- und Unterstützungsschiffe.

Ebenso existieren eine Hubschrauberschwadron zur U-Boot-Jagd sowie ein Transporthubschrauber-Bataillon und fünf Patrouillenflugzeuge. Internationale Beobachter gehen davon aus, dass der Iran über Kapazitäten zur Produktion vergleichsweise moderner Seeminen verfügt und bis zu 2.500 Stück hiervon besitzt. Jüngste Entwicklungen deuten auf eine enge Kooperation mit der Volksrepublik China bei der Entwicklung von Anti-Schiff-Flugkörpern hin. Erste Produkte dieser gemeinschaftlichen Entwicklungen stellen die Nasr und Kosar dar, die in China die Bezeichnung TL-6 und TL-10 tragen. Rund 100 Seezielflugkörper der chinesischen Typen CS-801 und CS-802 befinden sich ebenfalls im iranischen Arsenal.

2005 wurde die Entwicklung und Herstellung von weiteren modernen Schiffstypen sowie die Produktion mehrerer Mini-U-Boote in Kooperation mit Nordkorea angekündigt. Erste Testboote dieser Art nahmen im April 2006 an einem Seemanöver teil. Im November 2007 erfolgte der Stapellauf eines ersten vom Iran allein produzierten U-Bootes mit der Bezeichnung »Ghadi-Klasse«.

Am 19. Februar 2010 wurde der erste im Iran entwickelte und gebaute Zerstörer der Mowde-Klasse offiziell in Dienst gestellt. Das Schiff ist mit einer Verdrängung von 1.420 Tonnen für die elektronische Kriegsführung ausgestattet und verfügt über einen Hubschrauberlandeplatz. Seine Bewaffnung setzt sich aus Anti-Schiff- sowie See-Luft-Raketen, Torpedos und einer Bordkanone zusammen. Die Höchstgeschwindigkeit beträgt 30 Knoten. Weitere Schiffe dieser Klasse sind in Bau.

Luftstreitkräfte

Die personelle Stärke der iranischen Luftwaffe wird mit etwa 50.000 Mann angenommen, wovon ein Drittel der Luftabwehr zugeordnet werden kann. Nach Schätzungen aus dem Jahr 2008 verfügt der Iran über mehr als 300 Kampfflugzeuge, von denen bis zu 60 Prozent sofort einsatzbereit sein sollen. Maschinen vom Typ F-14 Tomcat, F-4 Phantom II, Northrop F-5 sowie MiG-29A, MiG-29UB und MiG 27 stellen die höchste Kampfkraft. Offen ist der Verbleib von etwa 100 weiteren Kampfflugzeugen. Im Jahr 1991 verlegte die irakische Luftwaffe einen Teil ihrer Maschinen auf iranisches Hoheitsgebiet, um so einer möglichen Zerstörung während des Zweiten Golfkrieges zu entgehen. Ob und welche Flugzeuge hiervon in die iranische Luftwaffe übernommen wurden, ist bis heute unklar. Eine Rückgabe an den Irak ist nicht erfolgt.

Die kämpfenden Einheiten der iranischen Luftwaffe sind in neun Staffeln für den Kampf gegen Bodenziele, sieben Jägerstaffeln und eine Aufklärungsstaffel gegliedert. Für die F-14 Tomcat besitzt der Iran weit reichende AIM-54-Phoenix-Luft-Luft-Raketen. Hinzu kommen etwa 50 Transportflugzeuge und ca. 60 Hubschrauber vom Typ Mi-17 und Bell 214. Die wichtigsten Militärflughäfen befinden sich in Bandar Abbas, Bushehr, Dezful, Hamadan, Tabriz und am Tehran Mehrabad Airport. Die Ersatzteilversorgung der Flugzeuge ist mittlerweile durch die relativ eigenständige Luftfahrtindustrie und Beschaffung von Ersatzteilen im Ausland weitestgehend sichergestellt.

Die iranische Luftabwehr

Seit 1995 baut der Iran seine Luftabwehr ständig weiter aus, sowohl durch Modifizierung vorhandener Systeme als auch durch Nachbau bzw. Entwicklung eigener Waffentypen. Zu den heute präsenten Luftabwehrraketen gehören neben westlichen und russischen Typen auch chinesische Systeme sowie deren iranische Kopien. Unter anderem handelt es sich um die Hawk mit mehr als 150 Abschussvorrichtungen, die SA-2 Guideline mit etwa 45 und die Rapier mit rund 30 Abschussvorrichtungen. Ebenfalls auszugehen ist von der Stationierung mehrerer SA-6 Gainful. 1997 gab der Iran offiziell die In-Dienst-Stellung von Raketen des Typs SA-5 Gammon bekannt. 2001 gab es Hinweise, dass einige Einheiten S-300 installiert wurden. Seit Anfang 2007 verfügt der Iran über 29 russische Flugabwehrsysteme vom Typ SA-15 Gauntlet.

Ballistische Waffen

Nach Ansicht vieler Beobachter muss das iranische Raketenarsenal als enorme Bedrohung eingestuft werden, auch wenn gesicherte Erkenntnisse zum tatsächlichen Umfang nicht vorliegen. Besonders das US-Militär in der Region und Israel warnen aber immer deutlicher vor einer sich verschärfenden Sicherheitslage.

Im Ersten Golfkrieg setzte der Iran knapp 100 Raketen vom Typ Scud-B mit einer Reichweite von 300 Kilometern ein. Da das Land heute über eigene Produktionsanlagen für den Bau derartiger Mittelstreckenraketen verfügt, ist der Umfang des Arsenals an Scud-Nachbauten unbekannt. Hoch angesetzte Schätzungen vermuten einen aktuellen Bestand von bis zu 450 Raketen dieses Typs. Außerdem wird ein Arsenal von rund 175 chinesischen Kurzstreckenraketen CSS-8 mit etwa 25 Abschussvorrichtungen angenommen. Im Jahr 2001 wurden einige russische Waffensysteme vom Typ X-55 von der Ukraine mit einer Reichweite von bis zu 3500 Kilometern gekauft. Mit der Analyse der Antriebstechnik und Zielverfolgung dieser Flugkörper und einer Kooperation mit China konnte der Iran eigene Raketen mit ähnlicher Reichweite konstruieren.

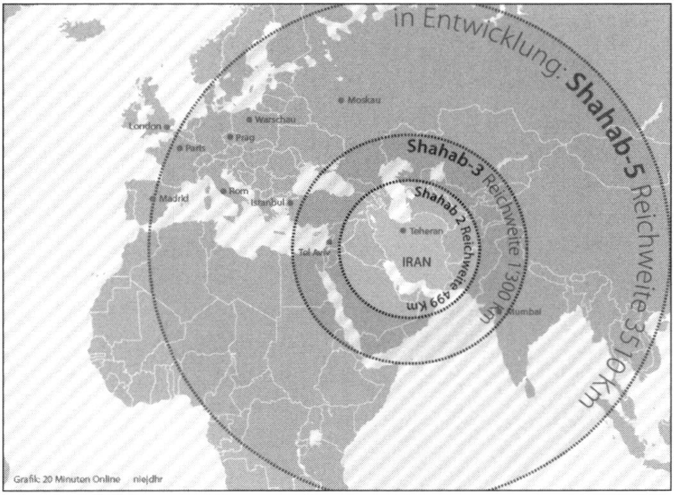

Quelle: 20 Minuten Online, nie/dhr.

Mit der Shahab-3 wurde eine iranische Mittelstreckenrakete auf der Basis der nordkoreanischen Nodong-1 entwickelt. Sie hat eine Reichweite von bis zu 2.000 Kilometern, damit liegt auch Europa erstmals in entsprechender Distanz. Im September 2003 wurden sechs Raketen dieses Typs erstmals während einer offiziellen Parade gezeigt. Ab 2005 wurde die Reihe weiterentwickelt und erinnert heute in der Bauweise stark an frühere russische Modelle. Sowohl die Shahab-3 als auch die Shahab-3A sind vermutlich sowohl mit GPS als auch mit einem infertilen Navigationssystem (Trägheitsnavigation) bzw. Gyroskop ausgestattet. Westliche Experten betonen regelmäßig die Gefährlichkeit der hohen Geschwindigkeit dieser Raketen von Mach 6–7 und bezweifeln die Effektivität heute verfügbarer westlicher Abwehrsysteme.

Es gibt einzelne Hinweise aus Geheimdienst- und Militärkreisen, dass im Iran an mehrstufigen Raketen auf der Grundlage nordkoreanischer und russischer Technologie geforscht wird, bis hin zum angeblichen Projekt Shahab-6 mit bis zu 10.000 Kilometern Reichweite. Diese Informationen wurden offiziell weder bestätigt noch dementiert.

Im Oktober 2005 schoss der Iran einen in der Ukraine gebauten ersten Spionagesatelliten unter der Bezeichnung Sinah-1 ins Weltall. Bei einer Militärparade zur Erinnerung an den Beginn des Kriegs gegen den Irak wurde in Teheran im September 2007 die neue Mittelstreckenrakete Ghadr-110 vorgestellt, die über eine Reichweite von 1.800 Kilometern verfügen soll und somit ebenfalls Israel und alle US-Armeestützpunkte in der Region erreichen kann. Im August 2008 startete erstmals eine Trägerrakete des Iran ins Weltall.

Biologische Kampfstoffe

Für biologische Kampfstoffe soll sich der Iran bereits seit dem Ersten Golfkrieg interessiert haben. Die US-Regierung geht von einem offensiven B-Waffen-Programm aus, das entgegen der Unterzeichnung der Biowaffenkonvention vom 10. April 1972 vermutlich zu biologischen Kampfstoffen geführt haben soll.

Chemische Kampfstoffe

Als Reaktion auf den massiven und erfolgreichen Einsatz von Chemiewaffen durch den Irak im Ersten Golfkrieg versuchte der Iran, ebenfalls ein eigenes C-Waffen-Programm aufzubauen. Am 13. Januar 1993 unterzeichnete die Regierung die internationale Chemiewaffenkonvention, die am 3. Dezember 1997 in Kraft trat. Im Dezember 1998 gab der Iran unter internationalem Druck zu, in den Jahren vor 1997 trotzdem chemische Waffen entwickelt und produziert zu haben. Vermutlich wurden mehrere Tausend Tonnen Phosgen, Cyanid-Gase und geringe Mengen Senfgas hergestellt, über deren Verbleib es bis heute ebenfalls keine gesicherten Erkenntnisse gibt.

TEIL II: ESKALATION – EINE FIKTIVE BETRACHTUNG?

HINWEIS

Der zweite Teil dieses Dossiers beschäftigt sich mit dem aktuellen Stand der Situation im Frühjahr 2010. Betrachtet werden soll die Rolle der USA, Israels und der NATO, außerdem soll der Frage nachgegangen werden, inwieweit die Europäische Union zwangsläufig direkt und indirekt von möglichen Kriegshandlungen betroffen sein wird.

Zumindest in militärischen Planspielen sind auf allen Seiten sämtliche Eventualitäten bereits seit einigen Jahren längst fertig geplant und intensiv trainiert. Würde ihnen ein politisches »GO« erteilt, wäre es eine Sache von wenigen Stunden bis zum Ausbruch von Kampfhandlungen.

Alle Inhalte beziehen sich auf Annahmen und erheben keinen Anspruch auf Vollständigkeit. Sie sollen weder als »Kriegstreiberei« angesehen noch in irgendeiner Form parteilich verstanden werden. Das Ziel war und ist die reine Information ohne Wertung von Politik, Religionen und Nationalitäten.

AKTUELLE SITUATION

Das Risiko von neuen globalen Auseinandersetzungen war seit dem Ende des Zweiten Weltkrieges 1945 noch nie so hoch wie jetzt. Gerade ein Krieg im Iran wäre nicht nur ein lokales Ereignis, selbst wenn er sich zunächst auf einen Schlagabtausch durch Raketenbeschuss zwischen dem Iran und Israel beschränken würde. Es ist davon auszugehen, dass die Vereinigten Staaten als Bündnispartner Israels sofort in den konsequenten militärischen Fokus des Iran geraten und in den angrenzenden Regionen direkt angegriffen werden. Sämtliche pro-iranische Gruppierungen im gesamten Mittleren Osten werden durch Terroranschläge gegen potenzielle israelische und amerikanische Ziele außerhalb des Iran vorgehen und im zweiten Schritt terroristische Aktivitäten gegen alle Bündnispartner auch bis nach Europa tragen.

STIMMEN FEBRUAR 2010

Zur Hintergrundinformation einige Stimmen in Auszügen aus der politischen Berichterstattung im Februar 2010:

China gegen Sanktionen

4. 2. 2010: China erteilte der Forderung westlicher Staaten nach verschärften Sanktionen vorerst eine eindeutige Absage. Momentan erschwere die Diskussion der beteiligten Weltmächte über neue Sanktionen die Situation nur, sagte der chinesische Außenminister Yang Jiechi am 4. Februar bei einem Besuch in Frankreich. Dies könne einer diplomatischen Lösung im Wege stehen. Frankreichs Ministerpräsident Francois Fillon hatte sich am Vorabend für harte Sanktionen gegen die Islamische Republik ausgesprochen.

Deutsche Wirtschaft soll sich auf Sanktionen gegen den Iran einstellen

6. 2. 2010: Bundesaußenminister Guido Westerwelle bereitet die deutsche Wirtschaft auf Sanktionen gegen den Iran vor. »Ich habe der deutschen Wirtschaft und Industrie bereits mitgeteilt, dass wir die Ausweitung von Sanktionen nicht ausschließen können«, sagte der FDP-Chef der Welt am Sonntag am 6. Februar. Wirtschaftsvertreter hätten auf Kosten hingewiesen. »Aber eine atomare Bewaffnung des Iran käme die deutsche Wirtschaft und die ganze Welt deutlich teurer zu stehen«, sagte Westerwelle. Deutschland ist der größte Handelspartner des Iran in Europa. Spekulationen über einen Militärschlag wies Westerwelle als kontraproduktiv zurück.

Münchener Sicherheitskonferenz
(Auszug, gesamter Pressebericht im Anhang)

Deutscher Außenminister fordert eine europäische Armee

In seiner Tagungsrede zur Münchener Sicherheitskonferenz hat sich Bundesaußenminister Guido Westerwelle (FDP) dafür ausgesprochen, eine gemeinsame europäische Armee aufzubauen, um den neuen sicherheitspolitischen Herausforderungen gerecht zu werden. Westerwelle sagte: »Das langfristige Ziel ist der Aufbau einer europäischen Armee unter voller parlamentarischer Kontrolle.« Die Europäische Union müsse ihrer politischen Verantwortung »als globaler Akteur gerecht werden«, so der Außenminister. Die EU müsse eigenständig Krisenmanagement betreiben können und die Fähigkeit entwickeln, »rasch, flexibel und im gemeinsamen Verbund handeln zu können«. Zudem deutete Westerwelle an, dass er sich vorstellen kann, die EU über Westeuropa hinaus auszuweiten.

Russland kritisiert den Westen

Der russische Außenminister Lawrow wirft dem Westen vor, eine Verteidigungspolitik zu seinen Lasten zu betreiben. Das Prinzip der Unteilbarkeit der Sicherheit in ganz Europa sei nicht mehr gewährleistet. Der NATO hielt Lawrow vor, sie habe mit ihrer Erweiterungspolitik nach dem Zusammenbruch der Sowjetunion die Grenzen des Bündnisses nach Osten verschoben. Lawrow folgt mit diesen Äußerungen der neuen russischen Militärdoktrin, nach der die NATO-Osterweiterung als eine der größten Bedrohungen für die Sicherheit des Landes gesehen wird. Auch die inzwischen geänderten US-Pläne für ein Raketenabwehrsystem in Osteuropa werden in den verteidigungspolitischen Grundsätzen der Regierung in Moskau als Grund zur Sorge genannt. Russland behält sich zudem weiter das Recht vor, auf eine existenzbedrohende Gefahr mit einem Atomschlag zu reagieren.

Russlands Generalstab warnt die USA vor Militärschlag gegen den Iran

10. 2. 2010: Der russische Generalstabschef Nikolai Makarow schließt einen US-Militärschlag gegen den Iran nicht aus und befürchtet, dass dieser Angriff »schreckliche Folgen« haben wird. Sobald das Pentagon seine Aufgaben in Afghanistan und dem Irak löse, entscheide es sich möglicherweise für einen Angriff auf den Iran, sagte Makarow am Mittwoch .»Ich denke, die Folgen dieses Angriffs werden nicht nur für die Region, sondern auch für uns und die ganze internationale Gemeinschaft schrecklich sein. Was daraus resultiert, ist schwer prognostizierbar«, so der russische Generalstabschef. Der Iran sei Russlands Nachbar. Die Regierung in Moskau verfolge die Situation aufmerksam und gebe sich Mühe, um diesen Krieg zu verhindern, hieß es.

USA fürchten Folgen eines Angriffs auf den Iran

15. 2. 2010: US-Generalstabschef Michael Mullen hat während eines Besuchs in Israel Bedenken gegen einen möglichen militärischen Angriff auf den Iran geäußert. Ein Krieg mit dem Iran wäre »ein großes Problem für alle«, sagte Mullen nach israelischen Angaben am 15. Februar. »Ich mache mir Sorgen über die nicht beabsichtigten Folgen eines Angriffs«, sagte er den Angaben zufolge am Vorabend in der US-Botschaft in Tel Aviv. Er schloss einen Angriff nicht aus, sagte jedoch zugleich: »Wir sind noch nicht an diesem Punkt angelangt. Die diplomatischen Bemühungen müssen bis zum Ende ausgeschöpft werden.« Mullen erklärte, der Iran könnte nach US-Einschätzung binnen einem bis drei Jahren Atombomben bauen. »Ich bin sehr besorgt über ihre Rhetorik und ihr Programm zur Urananreicherung«, sagte er. Der Iran untergrabe die Stabilität in der Region. »Die USA haben sehr ernsthafte Absichten, harte Sanktionen zu verhängen, und ich hoffe sehr, dass dies den Konflikt beenden wird.«

Versicherer Münchener Rück und Allianz verlassen den Iran

18. 2. 2010: Die beiden Versicherer Münchener Rück und Allianz ziehen sich aus dem Iran zurück. Angesichts der politischen Situation habe sich das Management entschieden, mit dortigen Versicherern kein bestehendes Geschäft mehr zu erneuern beziehungsweise keine neuen Verträge abzuschließen, teilte der weltgrößte Rückversicherer Münchener Rück am 18. Februar mit. Dadurch dürfte sich das Prämienvolumen um rund zehn Millionen Euro reduzieren. Die Münchener Rück kam 2009 auf Beitragseinnahmen von mehr als 41 Milliarden Euro. Auch die Allianz werde ihre dortigen Rückversicherungsaktivitäten, die ein vernachlässigbares Volumen hätten, nicht mehr führen, sagte ein Sprecher von Europas größtem Versicherer.

Iran und Syrien stimmen sich mit Hamas und Hisbollah ab

Manar TV, 26. 2. 2010: Nachdem sich der iranische Präsident Ahmadinedschad und der syrische Präsident Assad demonstrativ ihrer Freundschaft versichert hatten, sind sie am Freitag mit den Spitzen der Hisbollah und der Hamas zusammengekommen. In Damaskus verständigten sich die Staatspräsidenten Syriens und Irans, Assad und Ahmadinedschad, mit den Spitzen von Hisbollah und Hamas, Nasrallah und Meschal auf eine gemeinsame Position gegenüber Israel. Nach seinem Treffen mit Assad konsultierte Ahmadinedschad erst Vertreter der in Damaskus ansässigen radikalen Palästinensergruppen. Danach kam es zu einem Dreiertreffen von Assad und Ahmadinedschad mit dem Generalsekretär der libanesischen Hisbollah, Nasrallah. Die drei hätten über die »wiederholten Drohungen« Israels gegenüber dem Libanon und Syrien beraten, berichtete Manar TV, der Sender der Hizbullah. In den vergangenen Wochen hatten die meisten libanesischen Spitzenpolitiker vor einem israelischen Angriff gewarnt. Seither haben die Spannungen im Nahen Osten zugenommen, die durch Meldungen über neue Raketen der Hisbollah hervorgerufen worden waren.

Ahmadinedschad: Israel hat »Daseinsberechtigung verloren«

AFP 28. 2. 2010: Teheran — Der iranische Präsident Mahmud Ahmadinedschad hat Israel erneut mit scharfen Äußerungen attackiert. Das »zionistische Besatzungsregime« habe »seine Daseinsberechtigung verloren«, wurde Ahmadinedschad von iranischen Medien zitiert. Auch wenn Israel nur einen Zentimeter Boden in Beschlag nehme, sei es eine Ursache für Gefahren, Krisen und Kriege in der Region. Die einzige Möglichkeit, sich dem jüdischen Staat entgegenzustellen, sei der Widerstand der palästinensischen Jugend und der Länder in der Region, sagte der iranische Präsident. Die palästinensischen Widerstandsgruppen müssten zusammenhalten, um den »unheilvollen Dämon« zu bezwingen und ihn ins »Innerste der Hölle« zu werfen, sagte Ahmadinedschad laut der iranischen Nachrichtenagentur Isna bei einer Unterstützerkonferenz für die Palästinenser in Teheran, an der Medienberichten zufolge auch hochrangige Palästinenservertreter wie der Exil-Chef der radikalislamischen Hamas, Chaled Maschaal, und der Exil-Chef der Organisation Islamischer Dschihad, Ramadan Tschallah, teilnahmen.

ESKALATION – FAKTOREN UND MOTIVE

Dem US-Militär und seinen Verbündeten ist es bisher nicht gelungen, in den beiden Nachbarstaaten Irak und Afghanistan einen dauerhaften Frieden herbeizuführen. Dennoch verfügen sie in der Region mit mehr als 200.000 Mann über die derzeit größte Militärkonzentration der Welt in einem Kampfeinsatz zu Wasser, an Land und in der Luft. Der ungewöhnlich große Teil der US-Marine in der Region (zwei Trägergruppen, zwei Flugzeugträger sowie große amphibische Landungsschiffe) befindet sich kampfbereit im Persischen Golf oder auf dem Weg dorthin. Die strategischen Vorräte an Erdöl und Benzin wurden deutlich erhöht.

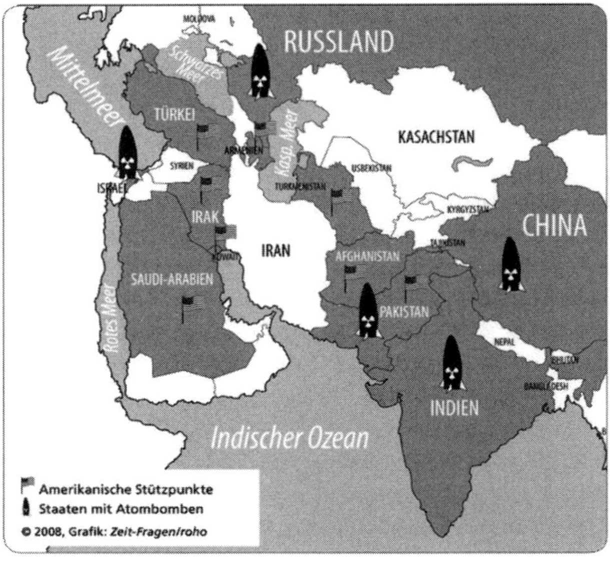

Auf der Seite Israels werden sich die USA auf den Artikel 5 der NATO-Verträge berufen und den Bündnisfall erklären. Somit wären alle NATO-Staaten wie zuletzt im Fall Afghanistan zur Hilfe verpflichtet. Sollte dieses Szenario eintreffen, muss sich Europa auf eine Kriegsbeteiligung in weit größerem Ausmaß einstellen.

Faktor USA

In der Geschichte haben Politiker, wenn ihre Staaten wirtschaftlich am Ende waren, häufig Krieg als letzten Ausweg aus schweren Krisen und zum Machterhalt gewählt. So haben zum Beispiel auch die USA ihre größte Wirtschaftskrise des zwanzigsten Jahrhunderts durch Eintritt in den Ersten Weltkrieg überwunden, die weitere Weltwirtschaftskrise durch Eintritt in den Zweiten Weltkrieg. Jetzt könnten sie in Versuchung geraten, ihre dritte Wirtschaftskrise in gleicher Weise zu lösen. Immerhin hat das Land durch die beiden letzten Weltkriege nicht nur die damaligen größten Staatsverschuldungen überwinden können, sondern sich danach auch zur führenden Wirtschaftsmacht der Welt entwickelt.

Heute befinden sich die USA erneut in ihrer größten Finanzkrise seit dem Zweiten Weltkrieg – einerseits durch die Übernahme von Schulden aus dem Banken- und Immobilienmarkt in den Staatshaushalt, andererseits durch die dramatisch angestiegene Staatsverschuldung selbst. Aktuell wird pro Tag eine Milliarde Dollar an Krediten aus dem Ausland benötigt. Wären die ausländischen Finanzzuflüsse nicht mehr verfügbar oder würden sie sich zur Flucht aus dem US-Dollar wegdrehen, stände das Land vor einem Staatsbankrott und würde seinen Anspruch auf eine westliche Vormachtstellung unwiderruflich verlieren.

Weitere Motive einer Beteiligung

- Das Engagement im Irak ergibt nur als Teil einer Gesamtstrategie einen Sinn. Diese Strategie richtet sich auf die Absicherung der größten und wichtigsten Ölressourcen der Welt, die eben im Irak, im Iran und in Saudi-Arabien liegen. Ziel ist es, auch weiterhin die Belieferung der USA mit Öl aus dieser Region zu sichern und die Auswirkungen bilateraler Vereinbarungen (zum Beispiel ausschließliche Lieferungen des Iran an China) zu verhindern.
- Für die USA ist ein Iran mit einer – aus amerikanischer Sicht – irrational handelnden Regierung unakzeptabel. Wenn der Iran

über Atomwaffen verfügen würde, wäre die oben skizzierte amerikanische Strategie nicht mehr realisierbar.

- Derzeit ist die militärische Macht der USA auf einem Höhepunkt. Ob sich dieser Level in den nächsten Jahren bei dem aktuellen Handelsbilanzdefizit und den bevorstehenden wirtschaftlichen Problemen halten lässt, ist fraglich. Eine Unterbrechung der Öllieferung durch den Iran, die nicht nur für die USA eine existenzielle Bedrohung ist, kann nur verhindert werden, wenn der Iran nicht über Nuklearwaffen verfügt.
- Deshalb können und werden die USA entweder Israel unterstützen oder sich aktiv an einem militärischen Angriff gegen iranische Atomanlagen beteiligen. Eventuell wird man versuchen, ein kleines Gebiet im Westen Irans, angrenzend an den Irak, zu besetzen, die Provinz Kusistan, in der die Masse der iranischen Ölvorräte verortet ist.
- Da die militärische und geografische Situation des Iran den Verteidiger begünstigt, wird es sich bei dem Angriff um einen Luftschlag handeln. Der Einsatz taktischer Atomwaffen mit begrenzter Wirkung zur Vernichtung gut geschützter unterirdischer Anlagen ist wahrscheinlich.

Faktor Israel

Seit Ende der 60er-Jahre verfügt Israel über ein nukleares Waffenpotenzial. Man schätzt, dass das Land etwa 200 Atomsprengköpfe besitzt, die in erster Linie zur Bestückung von Flugzeugen und Boden-Boden-Raketen gedacht sind. Das politische Israel ist der Auffassung, dass die eigene Sicherheit nur dann gewährleistet ist, wenn es der einzige Staat der Region mit atomaren Optionen bleibt. Seit der Rückkehr von Ayatollah Chomeini in den Iran am 1. Februar 1979 aus dem französischen Exil und der Proklamation der »Islamischen Republik« haben alle nachfolgenden israelischen Regierungen den Iran als die größte regionale Bedrohung betrachtet.

Einheiten der israelischen Luftwaffe zerstörten 1981 den irakischen Forschungsreaktor Osirak bei Bagdad und schränkten so die Möglichkeiten des Irak ein, durch die Verwendung von Plutonium

Atomwaffen herzustellen. Bagdad befand sich damals in Reichweite israelischer Flugzeuge, wohingegen iranische Einrichtungen bis vor Kurzem außerhalb der Reichweite lagen.

Israel verfügt heute über die Langstreckenvarianten der amerikanischen F15-I- und F16-I-Kampfflugzeuge und kann nun Ziele im Iran erreichen. Die Maschinen werden unter anderem mit speziellen bunkerbrechenden Bomben bestückt und sollen tief in der Erde liegende Ziele zerstören.

Ein Angriff gegen nukleare Schlüsselanlagen des Iran würde wie folgt begründet:

- Der Prozess der Urananreicherung in den iranischen Anlagen findet seit März 2006 statt. Danach ist es prinzipiell möglich, waffenfähiges Plutonium zu erzeugen.
- Der Iran verfügt bereits über Trägerraketen, die Israel erreichen können (Sahab-3), und hat sein Raketenarsenal umfangreich vergrößert.
- Die Vernichtung Israels ist erklärtes Staatsziel des Iran. Iranische Atomwaffen sind für Israel eine existenzielle Gefahr.
- Israel ist geografisch ein sehr kleiner Staat. Von drei Sprengköpfen in den Agglomerationen Jerusalem, Haifa und Tel Aviv wären 75 Prozent der israelischen Bevölkerung betroffen.
- Israels eigene Nuklearraketen (Jericho-3) sind nicht gegen einen Erstschlag gesichert. Um nicht in eine »Use-them-or-loose-them«-Situation zu geraten, will es verhindern, dass der Iran – und in der Folge andere arabische Staaten – in den Besitz von Atomwaffen gelangt.

Faktor China und Russland

Mit hoher Wahrscheinlichkeit werden sich China und Russland direkt oder indirekt an die Seite des Iran stellen, um nicht das amerikanische Militär an ihre Grenzen rücken zu lassen bzw. um eine weitere Verschiebung der bestehenden Ost-West-Machtblöcke zu verhindern. Beiden Staaten ist aber bewusst, dass für sie die USA und Europa als Handelspartner wichtiger sind als der Iran. Für China ist das iranische Öl zu ersetzen, der amerikanische Markt jedoch nicht.

Die chinesische Führung kann ihre Macht und Kontrolle nur erhalten, wenn die wirtschaftliche Dynamik im Land weitgehend bruchlos weitergeht. Zur Absicherung der Versorgung wird sich China in Zukunft verstärkt nach Norden (Sibirien) richten.

Russland seinerseits hat erhebliche Probleme mit den muslimischen ehemaligen Republiken der Sowjetunion. Ein nuklear bewaffneter und damit fast unangreifbarer Iran, der seinen Einfluss in diesen Ländern ausbaut, ist für Russland nicht akzeptabel.

Faktor Iran

Es ist davon auszugehen, dass es sich bei der Entscheidung, eigene Atomanlagen zu betreiben und darüber hinaus eigene Atomwaffen zu besitzen, auch um einen nach außen getragenen innenpolitischen Machtkampf handelt. Ein großer Teil der Bevölkerung ist nach 1979 geboren, hat wenig Aussichten auf gute Jobs, wünscht sich aber über den Zugang zu Internet und Fernsehen auch materiellen Wohlstand. Ein angemessener wirtschaftlicher Aufschwung ist für viele Iraner bisher nicht eingetreten.

Die Ambitionen für eine Machtausweitung des schiitischen Iran sind für die sunnitischen Nachbarländer Grund für erhebliche Sorgen. Die Unterstützung, die der Iran von einigen seiner Nachbarn derzeit erfährt, dient offensichtlich einer Absicherung der territorialen Integrität der angrenzenden Staaten. Präsident Ahmadinedschad ist als fundamentalistischer Hardliner weit weniger als sein Vorgänger an Veränderungen im System interessiert. Andererseits ist der Druck durch die Bevölkerung im Land hin zu einer Verbesserung der wirtschaftlichen Lage gewaltig.

Zu berücksichtigen ist auch ein demografischer Faktor: Die aktuelle relative militärische Stärke des Iran liegt auch an dem hohen Anteil von jungen Männern im wehrfähigen Alter. Angesichts einer stark abnehmenden Geburtenrate wird der Iran im Jahr 2030 eher mit einer stark überalterten Bevölkerung umgehen müssen, ohne ein bisher erkennbares soziales Sicherungssystem.

Dennoch stehen die Massen im Iran durch die medienwirksame Verbreitung anti-israelischer Statements, die intensive religiöse Einflussnahme und die strikte, kontinuierliche Umsetzung des Atomprogramms hinter den politischen und religiösen Strukturen.

Faktor Europa

Europa unterhält umfangreiche Handels- und Finanzbeziehungen im Iran und in benachbarten Ländern des Nahen und Mittleren Ostens. Das erklärt die politische Zurückhaltung, die Forderungen der USA nach einschneidenden Sanktionen zügig mitzutragen. Ein europäischer Vertreter erklärte:

> *»Wir werden die Forderungen des US-Finanzministeriums sehr vorsichtig angehen. Wir können dafür sorgen, dass die Banken ihre Geschäfte mit dem Iran zurückschrauben. Aber weil Europa umfangreiche Wirtschaftsinteressen in der Region hat, müssen wir sehr vorsichtig vorgehen.«*

Italien, Deutschland, Frankreich, Spanien, die Niederlande, Schweden und Großbritannien unterhalten rege Geschäftsbeziehungen mit dem Iran, besonders auf dem Energiesektor. Die europäischen Länder kaufen nicht nur Öl, sondern liefern auch Maschinen, Industrieausrüstungen und Waren, die keine militärische Bedeutung und keinen Zusammenhang mit dem vermuteten Atomwaffenprogramm des Iran haben.

MÖGLICHE AKTEURE UND INTERESSEN

Iran

Motive: Kontrolle aller Ölreserven in der Region direkt und indirekt; mittelfristige Übernahme des Irak durch Destabilisierung; Einrichtung einer schiitischen Republik; Irak und Iran in einer schiitischen Allianz vereinen; Vernichtung Israels; schiitische Dominanz im Nahen Osten; Unantastbarkeit durch nukleare Abschreckung; Sicherung der Staatsstruktur.

Ziele: Unterwandern des Irak; absolute militärische Kontrolle der Straße von Hormuz; Unterwanderung; Unterstützung pro-iranischer Gruppen; Anschläge auf Sunniten; Vorherrschaft im Irak; Verstärkung von Militär, Revolutionsgarden und Milizen; Einsatz eigener Kernwaffen; Auf- und Ausbau des eigenen Atomprogramms; Aufrüstung mit Kernwaffen: Ablenkung von internen ökonomischen Schwächen durch aggressives Verhalten nach außen.

USA

Motive: Absicherung der Ölversorgung; Verhinderung Atommacht Iran; Einfluss im Nahen Osten; Verhindern von Destabilisierung des US-Dollar bzw. der (Welt-)Wirtschaft; Verhindern einer Ölbörse auf Euro-Basis; Stabilisierung Afghanistan und Irak.

Ziele: Ölbörse auf Basis des US-Dollar; Stützpunktpolitik; Unterstützung auch von nicht-demokratischen Staaten; umfangreiche Sanktionen; gegebenenfalls Einsatz des Militärs.

Israel

Motive: Existenzsicherung; Verhinderung Atommacht Iran.

Ziele: Mit allen verfügbaren Mitteln; Militäreinsätze.

Türkei

Motive: Verhinderung einer schiitischen Dominanz im Nahen Osten; Verhinderung eines autonomen Kurdenstaates; Verhinderung Atommacht Iran; Sicherung des eigenen Staatssystems.

Ziele: Kooperation mit USA und Israel; Stabilisierung des Irak gegebenenfalls durch Militär; Kampf gegen muslimisch-radikale Staatsformen.

Saudi-Arabien

Motive: Sicherung des eigenen, feudalen Herrschaftssystems; Verhinderung einer schiitischen Dominanz im Nahen Osten; Verhinderung Atommacht Iran.

Ziele: Unterdrückung im Inneren; Kooperation mit den USA und Israel; diplomatische Aktivitäten.

Europa

Motive: Sicherung der eigenen Ölversorgung; Verhinderung Atommacht Iran; Bekämpfung Atommacht Iran.

Ziele: Diplomatische Aktivitäten; Verhängung von Sanktionen; Art. 5 NATO-Vertrag-Bündnisfall; Unterstützung der USA mit Truppen und Logistik.

Russland

Motive: Kontrolle muslimischer ehemaliger Sowjet-Staaten; Verhinderung Atommacht Iran; Wiederherstellung eigener globaler Machtposition.

Ziele: Umfangreiche Sanktionen; gegebenenfalls Einsatz des Militärs; diplomatische Aktivitäten; keine eindeutig definierbare Position gegenüber den USA; Handelspartner des Iran mit Kriegsmaterial und Logistik.

China

Motive: Sicherung der eigenen Ölversorgung; Sicherung Kommunistische Partei; Erreichen von Weltmachtstatus; Handelspartner USA nicht verlieren.

Ziele: Abkommen und Verträge; Verhinderung ökonomischer Krisen; Unterwanderung der amerikanischen Position; keine eindeutige Stellungnahme zum Iran.

WIRTSCHAFTLICHE KONSEQUENZEN FÜR DIE EUROPÄISCHE UNION

Ein direkter Angriff auf den Iran – entweder im Alleingang durch Israel oder mit Beteiligung oder Duldung durch die USA und entsprechende Verbündete – hätte für die Europäische Union katastrophale Folgen: Eine Eskalation könnte einen schweren internationalen Konflikt auslösen, in dem es konkret um eine Auseinandersetzung zwischen dem Westen und dem Islam gehen wird.

Überlagert wäre der Konflikt von politischen Interessen und Strategien, die Energiezufuhr aus dieser Region zu kontrollieren und zu sichern. Mehr als die Hälfte der weltweit geförderten Rohölmengen wird täglich per Schiffsladung auf entsprechenden Wasserstraßen transportiert. Geografische Engpässe entlang der einzelnen Routen sind potenzielle Ziele für terroristische Anschläge bzw. Überfälle durch Piraten und unterliegen daher einem besonderen Sicherheitsfokus.

Einbrüche in der Energieversorgung

Der Iran hat für den Fall eines Angriffs mit massiven Einschränkungen beim Öltransport durch den Golf gedroht und wird versuchen, sofort den Persischen Golf und den weltweit strategisch wichtigsten Engpass – die Straße von Hormuz – militärisch unter seine Kontrolle zu bringen.

Täglich fahren hier bis zu 17 Tanker mit einer Ladung von rund 18 Millionen Barrel Öl. Diese Menge entspricht nahezu 20 Prozent des weltweiten Erdölhandels. Die Route beliefert hauptsächlich die Märkte in den USA und Westeuropa.

Eine Blockade dieser Seestraße, die an der engsten Stelle nur 38 Kilometer breit ist, würde eine internationale Krise in der Erdölversorgung auslösen und die Preise auf dem Weltmarkt unter Umständen verdreifachen.

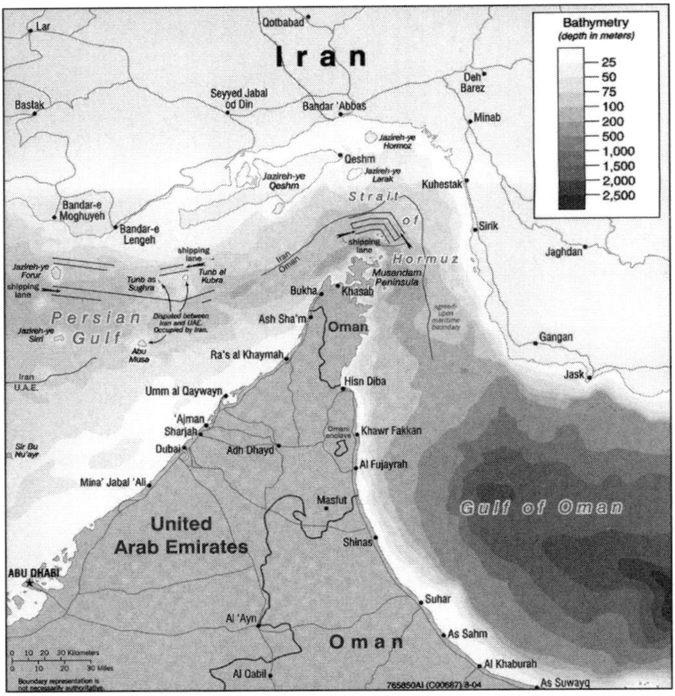

Andere kritische Passagen

Straße von Malakka: Verbindung zwischen Indischem Ozean und Pazifik, 800 Kilometer lang und an der engsten Stelle 17,5 Kilometer breit. Er ist der meistbefahrene Seeweg der Welt und galt lange Zeit durch Piratenüberfälle zugleich als der gefährlichste. Allein 2004 wurden 325 Angriffe auf Schiffe aus 70 Ländern registriert, 30 Menschen wurden getötet. 2005 wurde die Wasserstraße von dem englischen Risiko- und Transportversicherer Lloyd's als Kriegsrisikogebiet eingestuft. In der Straße von Malakka galt danach der gleiche Gefährlichkeitsgrad wie im Irak. Seitdem gehen die Marineverbände Thailands, Singapurs, Malaysias und Indonesiens gemeinsam gegen die Piraten vor. Jährlich passieren 50.000 Schiffe dieses Nadelöhr, 80 Prozent des chinesischen und japanischen Bedarfs (ca. 15 Millionen Barrel) an Rohöl werden hier transportiert.

Bab el-Mandab: Die Meerenge ist die Verbindung zwischen dem Arabischen und dem Roten Meer am Horn von Afrika. Alle Schifffahrtslinien von Europa zum Indischen Ozean passieren diesen Weg. Nach der Straße von Malakka gehört die Region zusammen mit dem Golf von Aden zu den weltweit am meisten durch Piraterie gefährdeten Gebieten. Auf der Seite des Mittleren Ostens befindet sich der Jemen, auf der afrikanischen Seite Eritrea und Dschibuti. Täglich werden rund 3,3 Millionen Barrel Öl vom Persischen Golf über den Golf von Aden durch die 27 Kilometer breite Meerenge transportiert, um dann in den Suezkanal in Richtung Europa und USA zu fahren. Zur Sicherung der Seewege sind deutsche Marineeinheiten an der Operation Atalanta beteiligt.

Suezkanal: Der ägyptische Suezkanal verbindet das Rote Meer mit dem Mittelmeer und verkürzt die Entfernungen zwischen dem Nordatlantik und Vorderasien erheblich. Der schmale Kanal ist 190 Kilometer lang und kann nur einspurig befahren werden. Jährlich passieren über 3.000 Tanker den Kanal, täglich werden rund 4,5 Millionen Barrel Öl durch den Kanal geschleust. Der Großteil des Öls wird nach Europa und in die USA transportiert. Ein einzelnes brennendes oder versenktes Schiff würde den ganzen Verkehr zum Erliegen bringen. In dem Fall müssten die Tanker einen 6.000 Seemeilen langen Umweg um das Kap der Guten Hoffnung herum in Kauf nehmen.

Strategische Reserven
Westliche Abnehmerländer haben sich durch eine gesetzlich geregelte strategische Bevorratung von Erdöl, Benzin, Heizöl und Erdöl-Zwischenprodukten auf einen möglichen Krisenfall vorbereitet. Ob hierdurch ein ausbrechender internationaler Konflikt aufgefangen werden kann, ist ungewiss.

Derzeit betragen die ungefähren Versorgungszeiten aus den strategischen Vorräten je nach Verbrauchsverhalten:

in den Ländern der EU	bis zu 90 Tage
USA	bis zu 35 Tage
China	bis zu 100 Tage
Schweiz	bis zu viereinhalb Monate

Diese Angaben müssen variabel betrachtet werden und sind sehr stark abhängig davon, ob die Lagerkapazitäten sich bei 100 Prozent befinden oder darunter. Die tatsächliche Reaktionszeit der Binnenmärkte auf eine unmittelbare Versorgungskrise bezogen auf eine Totalunterbrechung wird daher wahrscheinlich eher bei fünf bis zehn Tagen liegen.

Dominoeffekt

Ein Angriff auf den Iran durch Israel und/oder die USA würde in jedem Fall als Konsequenz direkten Einfluss nehmen auf das ohnehin fragile Gleichgewicht zwischen Ölforderung, Angebot, Export und Verfügbarkeit in den westlichen Abnehmerländern. Allein eine Sperre der Straße von Hormuz durch das iranische Militär würde sofort ein Viertel des weltweiten Ölbedarfs vom Markt nehmen. Für Westeuropa wären die Folgen unmittelbar spürbar, da bis zu zwei Drittel des täglichen Bedarfes über diese Route abgedeckt werden.

Mit entsprechenden Gegenangriffen durch den Iran auf Israel sowie US-Einrichtungen außerhalb des iranischen Territoriums beginnt ein Dominoeffekt, der weitere Konfliktparteien produzieren wird. Pro-iranische Gruppen außerhalb des Landes wie Hisbollah und Hamas oder islamische Staaten wie zum Beispiel Syrien, Saudi-Arabien, der Libanon, der Jemen, Nigeria oder Somalia werden ihrerseits zwangsläufig involviert, nur um einige zu nennen.

Radikal-islamische Strömungen und Netzwerke wie al-Qaida oder Jemaja Islamia haben längst erkannt, dass sie mit Terroranschlägen auch erhebliche wirtschaftliche Schäden verursachen könnten. Sie werden die militärischen Auseinandersetzungen im Nahen Osten für ihren weltweiten Dschihad nutzen, ihre globalen Anschlagserien intensivieren und verstärkt auch Pipelines, Tanker und Öl-Raffinerien angreifen.

Weiten sich die Auseinandersetzungen aus auf eine Blockade der Meerenge Bab el-Mandab am Horn von Afrika und in der Straße von Malakka in Südostasien, wäre eine sofortige weltweite Krisensituation die Folge. Unmittelbar betroffen von einer Blockade der Südostasienroute wären Japan und China, die auf diesem Weg bis zu 80 Prozent ihres Rohölbedarfs importieren und damit zu den Konfliktparteien gehören werden. Gleiches träfe auf Thailand, Singapur, Malaysia und Indonesien zu.

Fragiles Gleichgewicht

Im Fall einer vorab beschriebenen Krisensituation werden die europäischen Länder versuchen, ihren Bedarf an Rohöl über andere Märkte wie z. B. Osteuropa oder Asien zu decken. Faktoren wie Transportwege, Mengen und Verfügbarkeiten werden hierbei eine entscheidende Rolle spielen. Zwei Drittel aller Ölvorkommen weltweit befinden sich im Nahen Osten in den OPEC-Ländern.

Würde dieser Markt auch nur wenige Monate ausfallen, müssten sich alle Industrieländer zunächst das verbleibende letzte Drittel der Vorkommen teilen. Über die weiteren Auswirkungen einer derartigen Krisensituation existiert eine große Anzahl von Thesen und Spekulationen hinsichtlich Verteilungskämpfen und Eskalationsstufen.

In jedem Fall wird der Faktor Zeit für eine Weiterversorgung ausschlaggebend sein, noch wichtiger ist die Stabilität der bestehenden Regierungen. Krisensituationen in diesem Ausmaß sind immer auch eine große Gefahr für politische Systeme und demokratische Strukturen. Bei einem entsprechend hohen Reformdruck bieten sie aber auch Chancen für den Umbau einer Volkswirtschaft durch die Reduzierung von ressourcen- und rohstoffbedingten Abhängigkeiten.

Worst Case

»Militärische Auseinandersetzungen im Nahen und Mittleren Osten sowie terroristische Anschläge führen zu einem Zusammenbruch der Ölförderung in den OPEC-Ländern. Binnen kurzer Zeit fehlen zwei Drittel des weltweiten Rohölbedarfs. In den westlichen Industrieländern kommt es zu dramatischen Engpässen – es fehlt nicht nur Benzin, sondern auch Öl in sämtlichen Bereichen der Industrie. Die Petrochemie, die Pharmaindustrie und weite Teile der Textilverarbeitung stehen vor dem Zusammenbruch. Ein großer Teil der Bevölkerung ist durch Schließung

von Betrieben binnen weniger Tage ohne Beschäftigung. Das Warenangebot in Geschäften und Supermärkten ist rückläufig, die Inflationsrate progressiv – Tendenz steigend. Die Nahrungsmittelpreise explodieren, es droht eine Hungerkrise. Besonders die schwächeren Bevölkerungsschichten leiden unter den Folgen, die sozialen Spannungen nehmen zu, Unruhen werden befürchtet.«

Erdöl ist als Rohstoff ein nahezu unverzichtbarer Energieträger in nahezu allen Wirtschaftszweigen. Fällt die Versorgung aus oder wird auf unbestimmte Zeit blockiert, kommt es innerhalb weniger Tage zu erheblichen Engpässen. Scheitern alle Bemühungen um neue Importe, wäre ein totaler Zusammenbruch der Märkte die Folge.

Direkte Auswirkungen sind zu erwarten bei:

- Treibstoffversorgung: Verkehrswesen, Warentransport, Individualverkehr
- Energiegewinnung: Heizöl, Elektrizitätswerke, Energiepreise
- Landwirtschaft: Maschinen, Düngemittel, Pflanzenschutzmittel, Futtermittel
- Chemische Industrie: pharmazeutische Produkte, Grundstoffe

Das Preisniveau in den Geschäften wird drastisch ansteigen, die Verfügbarkeit von Waren und Produkten zurückgehen. Zwei Drittel aller Beschäftigten sind unmittelbar vom Verlust ihrer Arbeitsplätze bedroht. Direkt betroffen sind auch die Banken, Finanz- und Aktienmärkte, die Zahl der Erwerbslosen und soziale Sicherungssysteme.

MILITÄRISCHE AUSGANGSLAGE

Einschätzung Iran

Ob und welche Raketen der Iran tatsächlich zum Einsatz bringen wird, ist nicht absehbar. Prinzipiell hat er aber die Möglichkeit, diese gegen Israel direkt einzusetzen und auch die amerikanischen Stützpunkte am Golf sowie die Trägerkampfgruppen und den Seehandel in der Straße von Hormuz anzugreifen. Von Letzterem ist besonders auszugehen, da die Verwundbarkeit der Schifffahrt in dieser zur iranischen Seite liegenden engen Passage hier am größten ist. Sehr wahrscheinlich ist auch ein Angriff auf die Wasserstraßen im Golf von Aden. In beiden Fällen wäre die Strategie, die Transportwege von Rohöl in die USA und nach Europa um die Arabische Halbinsel herum und am Horn von Afrika zu unterbrechen.

Einschätzung mögliche Allianz Israel/USA

Das politische Israel ist der Auffassung, dass die eigene Sicherheit nur dann gewährleistet ist, wenn es der einzige Staat der Region mit atomaren Optionen bleibt. Seit 1979 haben alle israelischen Regierungen den Iran als die größte regionale Bedrohung betrachtet.

Die USA sehen drei Hauptgründe für einen Erstschlag:

- durch Zerstörung das iranische Atomprogramm um Jahre zurückzuwerfen und die mögliche Produktion von Atomwaffen zu verzögern;
- klarzustellen, dass sie bereit und in der Lage sind, präventive militärische Maßnahmen in großem Umfang zu ergreifen;
- deutlich zu machen, dass sie auch gegen andere Aktivitäten des Iran, wie zum Beispiel eine Einmischung im Irak, militärisch vorgehen würden.

Der Erstschlag wird einen starken, einigenden Effekt innerhalb des Iran zur Folge haben, das gesamte politische und religiöse Spektrum wird sich mit der Regierung solidarisieren. Auch die Opposition wird in diesem Fall ein vereintes Iran nicht blockieren.

Angriffsszenario

Um die größtmögliche Wirkung zu erzielen, wird der Angriff ohne Vorwarnung erfolgen. Dabei werden bereits in der Region stationierte landgestützte Flugzeuge aus den USA, Großbritannien und Diego Garcia operierende Langstreckenkampfflugzeuge sowie Seestreitkräfte eingesetzt. Unterstützt würden diese Einheiten mit Flugzeugträgern und vom Meer aus abgefeuerten Marschflugkörpern. Die US-Marine hält im oder unmittelbar am Persischen Golf zu jeder Zeit Flugzeugträger mit mehr als 150 Flugzeugen und Hunderten von Marschflugkörpern einsatzbereit. Israel verfügt über die Langstreckenvarianten der amerikanischen F15-I- und F16-I-Kampfflugzeuge und kann ebenfalls Ziele im Iran erreichen.

Hauptziele:
- Forschungsreaktor in Teheran mit angeschlossenen Einrichtungen
- Zentrum für Nukleartechnologie in Isfahan
- Anlage Natanz
- Anlage Arak
- Anlage Buschehr

Anlage Buschehr: Der im Bau befindliche und fast fertiggestellte 1.000-Megawatt-Reaktor ist ein problematisches Ziel, da der Reaktor mit Brennstäben ausgerüstet wird und die kritische Masse im Laufe des Jahres 2010 erreicht werden soll. Eine Beschädigung des Schutzmantels danach würde zur Freisetzung von Radioaktivität führen.

Betroffen wären die iranische Golfküste und die weiter westlich gelegenen Küsten Kuwaits, Saudi-Arabiens, Bahrains, Katars und der Vereinigten Arabischen Emirate mit unmittelbaren Auswirkungen auf die Bevölkerung und erheblichen Belastungen der Umwelt.

Ein weiterer schwerwiegender Punkt ist die Tatsache, dass sich in diesen Ländern zwei Drittel der weltweiten Erdölvorkommen befinden.

Konventionelle vs. taktische Waffen

Im Jahr 2003 begann das US-Militär mit der Entwicklung des globalen, operativen Schlachtenszenarios CONPLAN 8022, das den Einsatz von taktischen Nuklearwaffen zusammen mit konventionellen Waffen in Betracht zieht und je nach Anforderung auf alle Streitkräfte einschließlich Marine und Luftwaffe übertragen werden kann.

CONPLAN 8022 fokussiert sich heute auch auf neue Bedrohungslagen ausgehend von Ländern wie Iran oder Nordkorea oder Lieferanten von Nukleartechnologien, insoweit sie von militärischer Relevanz sind. Insider aus Militärkreisen gehen davon aus, dass einzelne Module auch gegen russische oder chinesische Ziele einsetzbar wären.

2004 wurde auf Anordnung des US-Präsidenten eine weitere Ergänzung bzgl. Einsatz von Nuklearwaffen in die Strategie aufgenommen, die NSPD 35 *(Nuclear Weapons Deployment Authorization*). Die genauen Inhalte dieser Direktive sind im Detail für Außenstehende unbekannt. Kenner der US-Militär-Szene gehen allerdings davon aus, dass NSPD 35 sich auf den Einsatz von taktischen Nuklearwaffen auf einem möglichen Kriegsschauplatz im Mittleren Osten in Übereinstimmung mit CONPLAN 8022 bezieht.

Falls der Iran auf Angriffe durch die USA bzw. Israel in Form von gezielten Gegenschlägen auf amerikanische Militäreinrichtungen im Irak, in Afghanistan, den Golfstaaten bzw. gegen Israel reagiert, dann würde der Strategie von CONPLAN 8022 folgend der Krieg eskalieren und sich auf die gesamte Region ausbreiten. In diesem Fall würden die USA und Israel mit »vorbeugenden« nuklearen Angriffen auf den Iran reagieren.

MEINUNGSBILD DES AUTORS

Die Zeichen der Zukunft stehen auf »unbeständig«, eine neue Ära der Konfrontation steht uns bevor. Auf der einen Seite der Westen mit der Allianz der »Guten« dieser Welt, auf der anderen Seite der Osten mit seinen freiwilligen oder auch unfreiwilligen Sympathisanten. Das intensive neue Engagement Russlands in Südamerika, in Afrika, auf dem Balkan oder vielleicht noch eine Kooperation mit dem Iran bereitet der westlichen Welt Unbehagen und nicht wenige fürchten sich vor den Auswirkungen eines neuen Kalten Krieges mit extremen Folgen. Dazwischen finden sich radikal-islamistische Terrorgruppen, die den Heiligen Krieg gegen den Westen ausgerufen haben und gegen alles kämpfen, was nicht islamisch in ihrem Sinn ist, eigene Glaubensbrüder eingeschlossen.

Kriege bringen Dinge ans Licht, die wir sonst sehr gerne im Verborgenen lassen. Die Krisenherde dieser Welt sind bekannt – in Palästina, in Afrika, im Kaukasus, vom Irak zum Iran bis nach Afghanistan und Pakistan. Seit 1945 hat es kaum einen einzigen Tag gegeben, an dem nicht irgendwo auf der Welt ein Krieg stattfand, also in der Summe knapp vierundzwanzigtausend Tage. Vorsichtig geschätzt, gehen Experten von etwa 30 Millionen Menschen aus, die in allen Kriegen seither ums Leben gekommen sind.

Drama und Tragik stehen wieder auf dem Spielplan der Geschichte, eine neue Ära der Konfrontation hat begonnen. Der Einsatz ist hoch, es geht nicht mehr um kleine Grenzkonflikte, so wenig wie es im 20. oder 21. Jahrhundert nur um Afghanistan ging. Die eigentlichen Gründe sind in globalen Machtinteressen und wirtschaftlichen Interessen zu finden. Es geht um Religionen, um Energie, Rohöl, Erdgas, Rohstoffe, um Einfluss und unverändert oder schon wieder letztendlich um Ost gegen West – wie gehabt.

Die guten Ideen von 1990, Glasnost und Perestroika, Wiedervereinigung, Handschlag und vielgelobte Partnerschaften für den Weltfrieden, gemeinsam nach »9/11« gegen den Terror der Islamisten kämpfen – aus der anfänglichen Euphorie ist kühle Ernüchterung geworden. Die Erweiterung der NATO bis fast nach St. Petersburg stimmt unsere Nachbarn dort bedenklich.

27 Länder in der Europäischen Union – die Liste der weiteren Interessenten ist lang: Kroatien, Serbien, Montenegro, Mazedonien, Bosnien, Kosovo, Albanien, die Türkei, aber auch die Ukraine, Georgien und auch Island – im Jahr 2020 könnte die Europäische Union theoretisch aus fast 40 Staaten bestehen. Der Trend geht in Richtung Osten, weiter ins Unbekannte.

Die Kosovo-Krise vom Krieg bis zur Selbstständigkeit 2008, die Schwächen des NATO-Russland-Rates – jetzt hat der Westen einen Osten, den er so niemals wollte. Ein neues großes Spiel hat begonnen, und es kann außer Kontrolle geraten. Amerikas Anspruch als Hüter der Weltordnung trifft auf Russlands globale Machtinstinkte.

Der Spieleinsatz ist eine Neuordnung der früheren Sowjetunion sowie die Reichweite der weltpolitischen Dominanz in Zentralasien und im Nahen Osten. Und es geht vor allem um Europa zwischen Atlantik und Eurasien. Die Europäer sind gespalten zwischen denen im Osten, die das Trauma der Sowjetherrschaft noch immer nicht überall verarbeiten konnten, und denen im Westen, die auf strategische Partnerschaft mit Russland setzen und alles wollen, nur keinen neuen Kalten Krieg.

Was wir heute als Haarspalterei wahrnehmen, kann morgen zum Konflikt werden und übermorgen in einer Eskalation enden. Russland sucht wieder Oberherrschaft über den Kaukasus und dazu Kontrolle der Öl- und Gasleitungen südlich davon, die eigentlich Europa einen Rest Unabhängigkeit sichern sollten. Der Kreml möchte eine weitere Ausdehnung amerikanischer Interessen verhindern und dabei weitere EU- und NATO-Ambitionen blockieren. Die USA haben in dem von ihnen ausgerufenen Krieg gegen den Terror weder Voraussicht noch Kompetenz im Krisenmanagement gezeigt, die Dienste versagten bei Aufklärung und Auswertung, die Führung bei Analyse und Strategie. Der Irak ist nach wie vor mehr als unruhig, in Afghanistan ist keine Lösung in Sicht, im Iran könnte sich eine Katastrophe anbahnen. Es scheint, dass Koalitionen und Partnerschaften eher nach gemeinsamer Gemengelage geschlossen wurden denn nach Notwendigkeit.

Wie ernst die Lage wirklich ist, zeigt sich anhand der strategischen Muskelspiele in der Neuauflage des Nahostkonflikts. Die USA, Frankreich, Deutschland und Großbritannien haben bis zum Sturz des Schahs 1979 mit dem und im Iran über Jahre hinweg ausgezeichnete Geschäfte getätigt – auch nukleare. Nach der Revolution und bis heute waren und sind China, Russland und Nordkorea dort nicht weniger erfolgreich. Noch ist Russland gegen eine nukleare Aufrüstung des Iran, allerdings könnte sich diese Haltung schnell ändern, wenn die USA mit der Stationierung von Raketenabwehrsystemen in der Region sowie in Polen und Israel fortfahren. Die Ankündigung Russlands, dem Iran in diesem Fall eine modernste Luftabwehr und weitere Raketen zu liefern, durchkreuzt die militärischen Optionen Israels und der USA und beschleunigt das Nachdenken über den Präventivschlag. Die großen Schlachtengemälde sind längst fertig gemalt, es fehlen nur noch ein paar kleine Pinselstriche. Das gilt im Übrigen für alle möglichen Akteure.

Die Falken und die Tauben fliegen wieder ganz weit oben – auf beiden Seiten. Ich habe so ein Gefühl, dass die Tauben weniger geworden sind, und wünsche mir, dass sich ein paar einfach nur verirrt haben. Sollte ich eine finden, werde ich sie zurücktragen – zu den anderen. Sie müssen dringend miteinander reden – über rote Linien und die Abgründe links und rechts davon.

Peter Schoor, Mai 2010

ANHANG

UMFRAGE IN DER EUROPÄISCHEN UNION

September 2009

Frage: Ist die aktuelle Bedrohungslage durch Terrorismus in der Europäischen Union ein Grund für ein gemeinsames Krisenmanagement?*

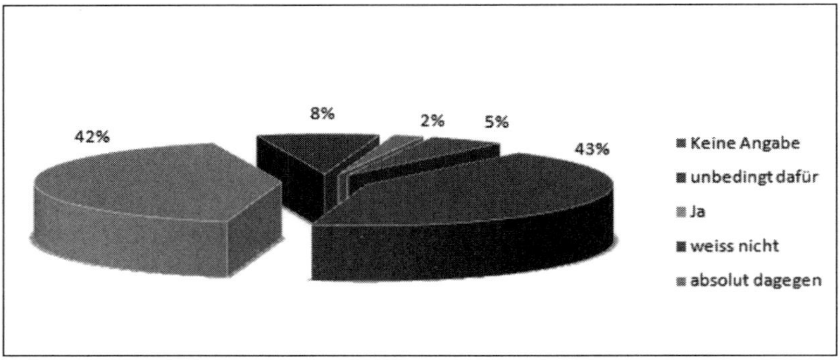

85% aller Befragten stimmten dem EU-weit zu, 43% davon gaben eine unbedingte Notwendigkeit an. 8% reagierten eher skeptisch, 5% machten keine Angaben und 2% waren absolut dagegen (vgl. Grafik). Die meiste Zustimmung bekam die Umfrage auf Zypern (95%, unbedingt dafür 76%) und in Griechenland (93%, unbedingt dafür 66%), gefolgt von Bulgarien und Schweden (beide 86%, unbedingt dafür 57%). In Portugal, Österreich und Tschechien stimmten mit »unbedingt dafür« die Befragten mit 27%, 32% und 34%.

*Quelle: Auszug aus Eurobarometer 328 / Wave 72.2; Europäische Kommission, Befragungszeitraum Sept.–Okt. 2009, veröffentlicht Nov. 2009; Anzahl befragte Personen: 26.470 über 15 Jahre.

ISLAMISTISCH MOTIVIERTE ANSCHLÄGE 1989 BIS 2009

Zusammenfassung

Entgegen dem 2006 angenommenen Abwärtstrend islamistisch motivierter Anschläge belegt diese Auswertung per Stand August 2009 eine kontinuierliche Umkehr und Zunahme in den letzten drei Jahren. Die Anzahl der Aktivitäten zwischen 2006 und 2009 hat bereits diejenigen des Zeitraums 2002–2005 überschritten. Statistisch betrachtet, wurde allein im Jahr 2009 alle 19 Tage ein Anschlag durchgeführt.

In der Zeit nach dem Anschlag auf das WTC fanden im Jahr 2006 gemessen an der Häufigkeit die wenigsten Aktivitäten statt. Gegenüber einem Anschlag alle 19 Tage im Jahr 2009 weist die Statistik für 2006 lediglich einen Anschlag alle 73 Tage nach. Das entsprach einem Rückgang um fast 50% gegenüber dem Zeitraum 2002–2005.

Berücksichtigt wurden 96 durchgeführte Anschläge in den letzten 12 Jahren und nur solche, die absolut klar dem Dschihad zugeordnet werden konnten. Prozentual ergibt sich folgende Aufteilung nach Jahr:

2006 zeigt mit 5% den niedrigsten Stand der durchgeführten Anschläge gegenüber 2004 mit dem höchsten Stand von 21%. Die meisten Aktivitäten in diesem Jahr fanden in Saudi-Arabien statt, in der Mehrzahl durch den Gebrauch von Schusswaffen.

Als Nächstes folgen die Jahre 2008 mit einem Anteil von 18% sowie 2007 mit 13%. Anzumerken ist, dass der Zeitraum Januar bis August 2009 bereits einen Anteil von 13% aufweist und somit binnen acht Monaten einen gleichen Stand wie das gesamte Jahr 2007 erreicht hat. Die durchgeführten Anschläge im Zeitraum 2007–2009 entsprechen 44% aller Aktivitäten in den vergangenen 12 Jahren. Bei der Aufteilung der Anschläge nach Monaten im Verlauf 1998–2009 fällt auf, dass der August mit einem Anteil von 14% der Monat mit den meisten Aktivitäten ist, gefolgt vom Juni und Juli mit je 12% und dem Oktober mit 10%. Im Zeitraum Juni bis August erfolgten 38% aller Anschläge. Wird diese Periode auf den Zeitraum Juni bis Oktober erweitert, steigt der Anteil auf 56% gegenüber 42% im Jahresdurchschnitt.

Der Monat Januar hat mit 4% den geringsten Anteil, gefolgt vom März mit 5%. Der Zeitraum Dezember bis März weist einen Anteil von 21% auf und entspricht somit einem Jahresdurchschnitt von 33%. Gemessen an der Zahl durchgeführter Anschläge je Monat liegt der Oktober 2002 mit fünf Anschlägen an erster Stelle.

Methodik

Die Informationen in diesem Anhang konzentrieren sich auf 96 Anschläge, die klar al-Qaida selbst oder angeschlossenen Gruppierungen im Zeitraum von 1998 bis 2009 zuzuordnen waren. Angriffe von nicht religiös motivierten Gruppierungen in Afghanistan, Irak und Pakistan und anderen Krisengebieten wurden ausgeschlossen.

Ebenfalls nicht berücksichtigt wurden Anschläge tschetschenischer Rebellen in Russland bzw. Tschetschenien und Anschläge in Israel, insofern kein klarer Bezug zum Netzwerk al-Qaida nachzuweisen war. Zielsetzung war und ist, einen möglichst genauen Kontext zur Betrachtung der Häufigkeit der durchgeführten Anschläge in Bezug auf al-Qaida und das angeschlossene Netzwerk herzustellen.

Analyse

Im Jahr 2002 erfolgte eine massive Zunahme der von al-Qaida bzw. deren angeschlossenen Gruppen durchgeführten Anschläge. Dieser hohe Level blieb bestehen bis zum Jahr 2006, in dem ein deutlicher Rückgang verzeichnet wurde. Allerdings stieg bereits 2007 die Anzahl der Anschläge erneut an und verzeichnet seit 2008 und 2009 eine kontinuierliche Zunahme.

Die Zahl der Anschläge im Zeitraum 2007–2009 hat bereits die Anzahl der Anschläge im Zeitraum 1998–2006 eingeholt. Bekämpfungsstrategien und Verbote konnten diese Entwicklung nicht verhindern, die durchaus erzielten Erfolge haben lediglich eine noch dramatischere Zunahme etwas einschränken können.

Vor 2002 erfolgte in der Regel nicht mehr als ein größerer Anschlag pro Jahr. Im Zeitraum 2002 bis 2005 erhöhte sich die Zahl der schweren Anschläge bereits auf acht pro Jahr, respektive einen Anschlag alle 46 Tage. Hinzuweisen ist auf das Jahr 2004, in dem allein in Saudi-Arabien 14 Anschläge erfolgten.

Nach der relativen Ruhe im Jahr 2006 und dem massiven Anstieg seit 2007 wird 2009 bereits alle 19 Tage ein Anschlag durchgeführt.

Warum im Jahr 2006 dieser intensive Rückgang stattfand und was genau die Gründe hierfür waren, ist bis heute weitestgehend ungeklärt und bedarf gegebenenfalls einer näheren Analyse.

Grafik 1: Verteilung der Anschläge 1998 bis August 2009

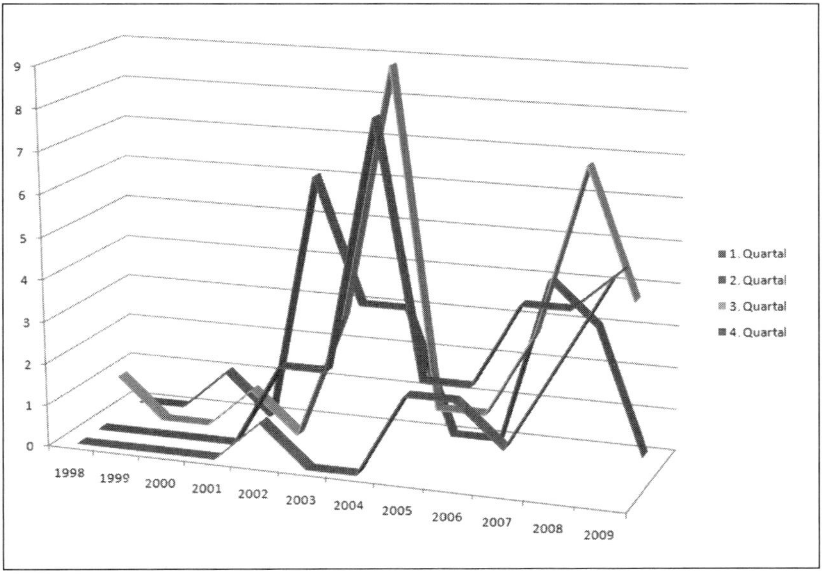

1998	1999	2000	2001	2002	2003	2004	2005	2006	2007	2008	2009
1	0	1	1	9	8	20	10	5	12	17	12

Grafik 2: Gegenüberstellung Anschläge 2008 bis August 2009

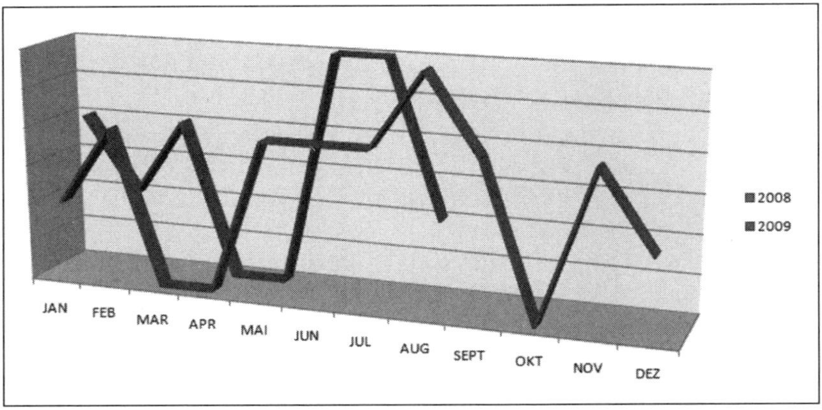

	JAN	FEB	MAR	APR	MAI	JUN	JUL	AUG	SEPT	OKT	NOV	DEZ
2008	1	2	0	0	2	2	2	3	2	0	2	1
2009	2	1	2	0	0	3	3	1				

Grafik 3: Gegenüberstellung Anschläge 2006–2007

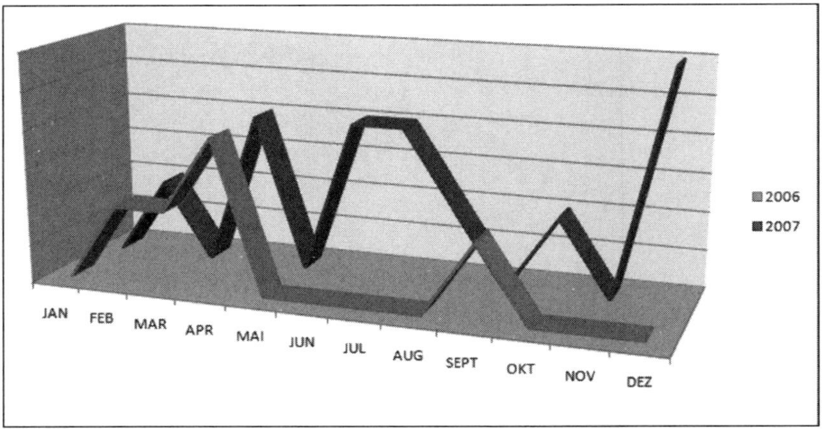

	JAN	FEB	MAR	APR	MAI	JUN	JUL	AUG	SEPT	OKT	NOV	DEZ
2006	0	1	1	2	0	0	0	0	1	0	0	0
2007	0	1	0	2	0	2	2	1	0	1	0	3

Grafik 4: Gegenüberstellung Anschläge 2004–2005

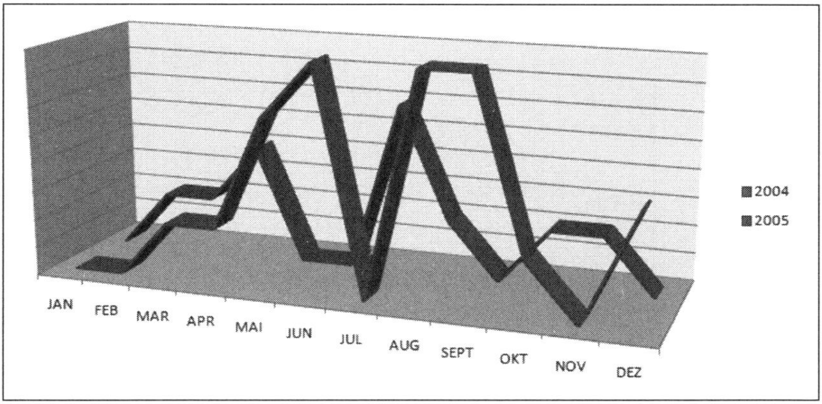

	JAN	FEB	MAR	APR	MAI	JUN	JUL	AUG	SEPT	OKT	NOV	DEZ
2004	0	0	1	1	3	4	0	4	4	1	0	2
2005	0	1	1	2	0	0	3	1	0	1	1	0

Grafik 5: Gegenüberstellung Anschläge 2002–2003

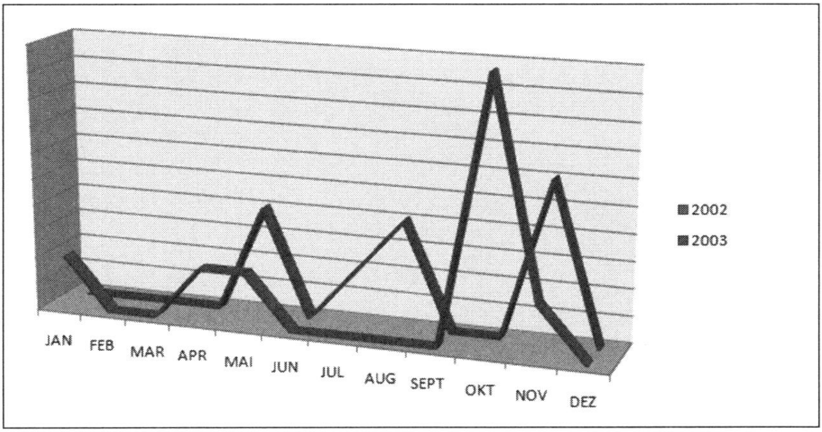

	JAN	FEB	MAR	APR	MAI	JUN	JUL	AUG	SEPT	OKT	NOV	DEZ
2002	1	0	0	1	1	0	0	0	0	5	1	0
2003	0	0	0	0	2	0	1	2	0	0	3	0

PRESSEBERICHT MÜNCHNER SICHERHEITSKONFERENZ

Süddeutsche Zeitung, 6. 2. 2010

MÜNCHNER SICHERHEITSKONFERENZ; *Außenminister Guido Westerwelle plädiert für den Aufbau europäischer Streitkräfte, um eigenständig Krisenmanagement zu betreiben.* Von P.-A. Krüger

In seiner Tagungsrede hat sich Bundesaußenminister Guido Westerwelle (FDP) dafür ausgesprochen, eine gemeinsame europäische Armee aufzubauen, um den neuen sicherheitspolitischen Herausforderungen gerecht zu werden.

Westerwelle sagte: »Das langfristige Ziel ist der Aufbau einer europäischen Armee unter voller parlamentarischer Kontrolle.« Die Europäische Union müsse ihrer politischen Verantwortung »als globaler Akteur gerecht werden«, so der Außenminister.

Die EU müsse eigenständig Krisenmanagement betreiben können und die Fähigkeit entwickeln, »rasch, flexibel und im gemeinsamen Verbund handeln zu können«. Zudem deutete Westerwelle an, dass er sich vorstellen kann, die EU über Westeuropa hinaus auszuweiten. Die Generation der heute Vierzigjährigen habe die Chance, dieses Kooperationsmodell »weit über Westeuropa hinaus« auszubauen, vielleicht sogar auf den ganzen europäischen Kontinent. Die Türkei nannte Westerwelle nicht. Bei einem Besuch in Ankara vor wenigen Wochen hatte Westerwelle die Unterstützung der Bundesregierung im Prozess um einen EU-Beitritt zugesagt – und war dafür später vom Koalitionspartner kritisiert worden.

Westerwelle: »Hand des Westens bleibt ausgestreckt«

»Mehr Europa richtet sich gegen niemanden«, sagte der Vizekanzler nun in München. »Vor Europa muss sich niemand fürchten, aber auf Europa soll sich jeder verlassen können.« Im Atomstreit mit dem Iran betonte Westerwelle nochmals seine Sorge. Er habe nach den Äußerungen des iranischen Außenministers Manuschehr Mottaki am späten

Freitagabend auf der Sicherheitskonferenz »leider keinen Anlass«, diese Haltung zu revidieren. Mottaki hatte gesagt, dass seine Regierung zwar grundsätzlich bereit sei, auf einen Vorschlag von der Internationalen Atomenergiebehörde IAEA einzugehen, der einen Tausch von iranischem Uran gegen neue Brennelemente für einen Forschungsreaktor in Teheran vorsieht. Allerdings ist Iran Mottakis Äußerungen zufolge nicht bereit, die Bedingungen des von der IAEA entworfenen Abkommens zu akzeptieren.

Westerwelle sagte in seiner Rede, die Hand des Westens bleibe ausgestreckt, »aber bisher greift sie ins Leere«. Wenn es »wirklich einen neuen Ansatz zur Zusammenarbeit geben sollte, dann müssen den Worten aus dem Iran konkrete Taten folgen«.

Eine Einigung mit der IAEA über den Teheraner Forschungsreaktor wäre laut dem Außenminister ein vertrauensbildender Schritt.

Westerwelle stellte aber klar, dass selbst eine solche Einigung den Atomstreit nicht lösen könne. Es müsse Verhandlungen geben, um den zivilen Charakter des iranischen Nuklearprogramms sicherzustellen. Eine atomare Bewaffnung sei nicht akzeptabel und würde »zu einer Destabilisierung der ganzen Region« führen.

Nach Westerwelle sprach sein russischer Amtskollege Sergej Lawrow.

Russland kritisiert den Westen

Der russische Außenminister warf dem Westen vor, eine Verteidigungspolitik zu seinen Lasten zu betreiben. Das Prinzip der Unteilbarkeit der Sicherheit in ganz Europa sei nicht mehr gewährleistet, kein Staat dürfe aber seine Sicherheit auf Kosten anderer gewährleisten. Der NATO hielt Lawrow vor, sie habe mit ihrer Erweiterungspolitik nach dem Zusammenbruch der Sowjetunion die Grenzen des Bündnisses nach Osten verschoben.

Lawrow folgt mit diesen Äußerungen der neuen russischen Militärdoktrin, nach der die NATO-Osterweiterung als eine der größten Bedrohungen für die Sicherheit des Landes gesehen wird. Auch die inzwischen geänderten US-Pläne für ein Raketenabwehrsystem in Osteuropa werden in den verteidigungspolitischen Grundsätzen der Regierung in Moskau als Grund zur Sorge genannt.

Russland behält sich zudem weiter das Recht vor, auf eine existenzbedrohende Gefahr mit einem Atomschlag zu reagieren.

Auch die Organisation für Sicherheit und Zusammenarbeit in Europa (OSZE) sei für die NATO-Politik benutzt und damit geschwächt worden, sagte Lawrow.

OSZE-Mitglieder hätten etwa Jugoslawien 1999 bombardiert und damit gegen das Prinzip der Unteilbarkeit der Sicherheit verstoßen. Diese Entwicklung müsse gestoppt werden. Die USA, Europa und Russland müssten sich um neues gegenseitiges Vertrauen bemühen. Dabei sei die Hauptfrage, ob es einen gemeinsamen europäischen Raum gebe oder Regionen, in denen verschiedene Standards gälten.

Bericht Deutsche Presseagentur DPA, 4. 3. 2010

Westen fordert neue Sanktionen gegen den Iran

Der Streit um das iranische Atomprogramm hat den Sicherheitsrat der Vereinten Nationen gespalten. Während der Westen mit den USA, Frankreich und Großbritannien neue Sanktionen gegen Teheran fordert, wollen Russland und China weiter das Gespräch suchen.

Teheran ignoriere alle Aufforderungen der internationalen Gemeinschaft und verweigere die Zusammenarbeit, sagte Washingtons UN-Botschafterin Susan Rice am Donnerstag im Sicherheitsrat in New York. Noch sei Zeit für Verhandlungen, hieß es hingegen von Russland und China. Zuvor hatte Japans UN-Botschafter Yukio Takasu dem Iran vorgeworfen, schon bestehende Sanktionen zu verletzen.Über neue Strafmaßnahmen wurde am Donnerstag nicht abgestimmt. Der Westen verdächtigt den Iran, unter dem Deckmantel der zivilen Nutzung heimlich am Bau von Atomwaffen zu arbeiten. Der Iran hat das stets bestritten.

»Unsere Sorgen sind in den vergangenen Wochen nur noch gewachsen«, sagte Rice vor dem mächtigsten UN-Gremium. »Der Iran beeilt sich, Uran anzureichern, verweigert aber jede Information dazu. Das Land ist noch immer nicht zu einer Zusammenarbeit bereit, Fragen zu einer militärischen Komponente werden nicht beantwortet.«

Die USA seien immer wieder auf Teheran zugegangen und hätten immer wieder Angebote gemacht. »Wir bedauern, dass der Iran jedes Entgegenkommen vermissen lässt.« Jetzt werde schon seit vier Jahren ohne greifbare Ergebnisse diskutiert. Der britische UN-Botschafter Mark Lyall Grant sagte, die bisherigen Sanktionen hätten den Iran »nicht von seinem bedenklichen Kurs abgebracht«. Stattdessen baue das Land zehn neue Anreicherungsanlagen. »Teheran missachtet die Weltgemeinschaft und will nicht zusammenarbeiten.«

Sein französischer Kollege Gerard Araud sagte, der Iran verfüge bereits über zwei Tonnen angereichertes Uran, »viel mehr, als man für eine friedliche Nutzung braucht«.

Russlands UN-Botschafter Vitali Tschurkin sagte, Moskau sei der Auffassung, »dass noch immer Raum für Verhandlungen da ist«. Ähnlich äußerte sich auch sein chinesischer Kollege Li Baodong. »Die Zeit der Verhandlungen ist noch nicht vorbei. Da ist noch Raum für Diplomatie«, sagte Li.

Quellen

Alle Grafiken und Bilder sind – sofern nicht näher gekennzeichnet – Eigentum des Autors und entweder selbst hergestellt oder rechtmäßig erworben.

Neben eigenem Fachwissen wurden folgende Quellen sinngemäß hinzugezogen: Norris, Clive/Armstrong, Garry: The maximum surveillance society; The rise of CCTV, Oxford – New York 1999; Intelligence Center: Jihadi Tactics & Targeting; United Nations: World Drug Report 2007, Genf 2007; TESAT 2008, 2009, Europol; Intelligence Center: Analysis of Jihadist Statements & Threatened Targets; Schoor, Peter: The Cold Force, 1986; InSiTe – Innere Sicherheit und Terrorismus, Band 1, 2009; Critchfield, James H.: Partners at the Creation: The Men behind Postwar Germany's Defense and Intelligence Establishments, Annapolis, Naval Institute; Gehlen, Reinhard: Der Dienst 1942–1971, Mainz – Wiesbaden 1971; Neusel, Hans: Internationale Kriminalität, in: Kaiser, Karl/Krause, Joachim (Hrsg.); Deutschlands neue Außenpolitik, Bd. 3: Interessen und Strategien, München 1996; Reese, Mary Ellen: General Reinhard Gehlen – The CIA-Connection, Fairfax, Va. 1990; Anderson, Malcolm/Apap, Joanna: Changing Conceptions of Security and their Implications for EU Justice and Home Affairs Cooperation. CEPS Policy Brief No. 26, 2002; Baldus, Manfred: Der Beitrag des Europäischen Polizeiamtes (Europol) zur Bekämpfung des Terrorismus, in: Koch, 2002; Benoit, Loick: La lutte contre le terrorisme dans le cadre du deuxième pilier: un nouveau volet des relations extérieures de l'Union européenne, in: Revue du Droit de l'Union Européenne, 2002; Den Boer, Monica: 9/11 and the Europeanisation of anti-terrorism policy: a critical assessment. Notre Europe Policy Paper, 2003; Lavranos, Nikolaos: Europol and the Fight Against Terrorism, in: European Foreign Affairs Review, Vol. 8, Issue 2, 2003; Gormley, Dennis: The Limits of Intelligence: Iraq's Lesson, in: Survival, The IISS Quarterly, Volume 46, Number 3, 2004; Jakob, Bernd: Geheime Nachrichtendienste und Globalisierung, Europäische Hochschulschriften Reihe 31, Bd. 380, 1999; Wolf, Markus: Spionagechef im Geheimen Krieg – Erinnerungen, 1997; BVerfSchG § 8 (8), BNDG § 8 (3a), MADG § 10 (3); BVerfSchG § 18 (1a); BassG § 4 (3), (4); PersAuswG § 1 (4), (5); AuslG § 39 (1); AuslG § 41 (2), (3);

BVerfSchG § 8 (9), BNDG § 2 (1a), § 8 (3a); Barrett, Richard: Seven Years After 9/11: Al-Qaida's Strengths and Vulnerabilities, ICSR Future Action Series, 2008; cia publications/the-world-factbook, 2008; Escobar, Pepe: Globalistan: How the Globalized World Is Dissolving Into Liquid War, Ann Arbor, Michigan: Nimble Books, 2007; Amland, George S.: Globalization and US foreign policy with Iran, US Army War College, 2003; Wilfried Buchta: Who Rules Iran? The Structure of Power in the Islamic Republic, Brookings Institution, U.S. 2001; Israel and the Origins of Iran's Arab Option: Dissection of a Strategy Misunderstood, Middle East Journal, 2006; Nuclear Power Reactors In The World, Vienna 2009 IAEA-RDS-2/29; BITS Research Report 6. 1., 2006; Afkhami, Gholam Reza: The life and times of the Shah, University of California Press, 2009; Milani, Abbas: Eminent Persian, Syracuse University Press, 2008; Avenarius, Tomas: Nakba, die Katastrophe. Palästinenser und Israel, in: Süddeutsche Zeitung vom 15. Mai 2008; Implementation of the NPT Safeguards Agreement and relevant provisions of Security Council Resolutions 1737 (2006), 1747 (2007) and 1803 (2008) in the Islamic Republic of Iran, September 15, 2008; isis-reports/documents/TRR_Fact_Sheet, Feb. 2010; Kraftwerk Union, Quelle: Siemens Çorporate Archives; Power Reactor Information System der IAEO: Iran, Islamic Republic of: Nuclear Power Reactors; Board of Governors GOV, 2004; IAEO Publications Infcircs 2007; guardian.co.uk: Iran: US behind missing scientist; iran-contra report; Arms, Hostages and Contras: How a Secret Foreign Policy Unraveled, in: The New York Times, 19. November 1987; Krüger, P.-A.: Münchner Sicherheitskonferenz, in: Süddeutsche Zeitung, 6. 2. 2010; Souleimanov, Emil: Chechnya, Wahhabism and the Invasion of Daghestan, in: Middle East Review of International Affairs 4/2005; Souleimanov, Emil/Horák, Slavomír: Islam, Islamismus und Terrorismus im Nordkaukasus und in Zentralasien – eine kritische Bewertung; Verfassungsschutzbericht 2010, BVT, Wien; Cornell, Svante: Russlands Stillstand in Tschetschenien: »Normalisierung« oder Verschlechterung der Lage?, in: Institut für Friedensforschung und Sicherheitspolitik an der Universität Hamburg/IFSH (Hrsg.), OSZE-Jahrbuch 2004; http://www.ask1.org/redaktion-64.html; Ulrich Schneckener: Globaler Terrorismus. The Situation in Chechnya and Ingushetia Deteriorates; Naumkin, Vitaliy: Radical Islam in Central Asia, Between Pen and Rifle, London 2005; Akiner, Shirin: Violence in Andijan, 2005, An Independent Assessment, Uppsala 2005; Northern Command/TIRANNT: http://www.globalresearch.ca/Article&code=ARK2; Bundesamt für Verfassungsschutz und Terrorismusbekämpfung, Österreich: Verfassungsbericht 2010; www.skyscrapercity.com: foreign embassies in Vienna. Group Care Vienna: International Strategic Studies and Services: Dossier Focus on Security – Middle East, 2008; Studie Islamisierung auf dem Balkan, 2010; Studie: Wie viel Terror verträgt der Islam?, 2010; Studie Iran: Weltmacht oder Weltkrieg?, 2010.

Bisher erschienen:
2009: InSiTe – Innere Sicherheit und Terrorismus: Band 1
Studie: Afghanistan – zwischen Humanität und Sicherheit
Rotblatt Verlag, ISBN 978-3-940063-16-8